新起点“中文+”系列教材
Starting Line — A Series of “Chinese +” Textbooks
国际学生通识核心课程教材
A Core Textbook for General Education of International Students

食品工程中文

Chinese for Food Engineering

张海涛 主编 张海涛 赵林晓 李子吟 李红娟 编著

北京语言大学出版社
BEIJING LANGUAGE AND CULTURE UNIVERSITY PRESS

图书在版编目（CIP）数据
食品工程中文 / 张海涛主编 ; 张海涛等编著.
北京 : 北京语言大学出版社, 2025. 7. -- ISBN 978-7
-5619-6806-2
Ⅰ. H195.4
中国国家版本馆 CIP 数据核字第 2025YR7347 号

食品工程中文

SHIPIN GONGCHENG ZHONGWEN

排版制作：北京光大印艺文化发展有限公司
责任印制：周 燚

出版发行：北京语言大学出版社
社 址：北京市海淀区学院路 15 号，100083
网 址：www.blcup.com
电子信箱：service@blcup.com
电 话：编 辑 部 8610-82303647/3592/3395
国内发行 8610-82303650/3591/3648
海外发行 8610-82303365/3080/3668
北语书店 8610-82303653
网购咨询 8610-82303908
印 刷：河北赛文印刷有限公司

版 次：2025 年 7 月第 1 版　印 次：2025 年 7 月第 1 次印刷
开 本：787 毫米 × 1092 毫米 1/16　印 张：14.5
字 数：244 千字　定 价：78.00 元

PRINTED IN CHINA
凡有印装质量问题，本社负责调换。售后 QQ 号 1367565611，电话 010-82303590

前言

《食品工程中文》是“中文 + 专业”类专门用途中文教材，主要面向食品科学与工程相关专业的来华留学生，旨在教授、培养中文作为第二语言的学习者在食品科学与工程专业领域所需的基本中文知识和基础语言技能，为其后续专业课程学习提供语言支持。本教材适用于已达到基础中文水平的学习者，要求学习者掌握中文基本语法和常用句式，HSK 成绩达到三级及以上水平。同时，本教材也适合对食品工程中文感兴趣的自学者使用。

本教材分五个主题单元：食品科学基础、食品工程技术、食品工艺实验、食品文化、食品健康与安全。每个单元包含四课，每课有 1—4 篇与主题相关的课文，并设有词语学习、走进课文、汉字学习和拓展阅读等板块。

教材选材科学，严格筛选食品科学领域的常用词语、句式及专业汉字，注重专业术语的准确性和严谨性，紧密结合食品专业教学实际需求。通过科学的内容编排和专业的语言训练，有效提升学习者在食品科学与工程领域的专业中文应用能力。

一、编写体例

1.“词语学习”板块：兼具通用性与专业性，参考《国际中文教育中文水平等级标准》和《汉语科技词系统（新一代工业生物技术卷）》，采用“通用词汇—专业术语”二元分类体系。通过科学划分日常生活交际词汇与学科专业术语，实现语言能力培养与专业知识获取的有机统一。在练习设计方面，系统聚焦核心词汇的“认读—书写—搭配”三维能力，采用阶梯式训练模式，全面提升学习者的语言应用能力与专业表达水平。

2.“走进课文”板块：以提升学习者语言综合应用能力为核心目标，在内容编排上实现三重融合。一是专业性与基础性的融合，既系统呈现食品学科基础知识，又巧妙融入中华传统饮食文化精髓与现代食品科技前沿；二是语言学习与专业学习的融合，通过“综合注释”模块深度解析专业术语、固定搭配及典型句式结构，并采用讲练结合的方式，帮助学习者同步提升专业语言理解能力和学术表达能力；三是课堂与实践的融合，所有教学活动均基于真实场景设计，包括实验室操作、课堂研讨、工厂实习等情境，通过创设理论课与实训课的对话场景，引导学习者熟练运用专业词语进行有效的学术交流，切实培养其专业语境下的语言应用能力。

3. “汉字学习”板块：精选食品专业高频汉字，从字形溯源、文化内涵及专业应用三个维度进行系统讲解。以“稻”字为例，通过解析其甲骨文字形（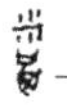上部为垂穗之象，下部为盛米容器之形），揭示“水稻”的本义，进而拓展专业合成词（如水稻、稻米、稻谷等），构建汉字知识网络。结合汉字构字规律与文化背景，强化专业词语记忆，增强汉字学习的文化深度与趣味性，帮助学习者系统掌握食品专业领域的核心用字。

4. “拓展阅读”板块：以提升专业文献阅读能力为核心，精选食品科学领域的前沿研究及行业动态文本。通过系统化的阅读训练，帮助学习者深入理解食品科技的发展脉络与文化内涵，在拓宽专业视野的同时，培养其学术素养与行业认同感。

为提升学习者的自主学习效率，本教材课前通过“内容扫描”和“语言点扫描”明确学习目标，帮助学习者快速把握核心知识点；课中采用“分层标注”系统，标注专业术语、生僻词语的拼音，并提供食品文化专有名词、典籍文献等的脚注解析，实现语言学习与文化认知的同步深化；课后配备多维训练体系，包含分层级词语练习、语言点强化训练及情景化课堂活动设计，确保知识即时转化。

本教材建有相对完善的配套教学资源体系，包括食品工程中文词汇习得库、线上食品文化博物馆（食品专业汉字小课堂及食品文化展）、范读音频、模块化教学课件及微课视频资源等。通过搭建完善的教学资源体系，分级、有效地引导学习者进入专业课学习，满足学习者实验实训、师生交流等环节的交际需要。有效衔接理论教学与实践应用，全面实现师生互动、实验实训等专业场景的语言能力培养。

二、编写理念

本教材秉持“中文 + 专业 + 文化”三位一体的编写理念。一是严格遵循中文作为第二语言的教学理论框架和教学规律，借鉴通用中文教材的编写范式，系统构建食品工程领域的专业中文知识体系。

二是作为食品工程领域的专门用途中文教材，在主题遴选、情境创设等方面紧密对接食品科学与工程专业需求。课文编排体现专业文章的典型特征，比如主题选择聚焦食品加工技术、食品安全、食品化学等核心领域；内容编排遵循由浅入深的认知规律，语言材料兼具专业性和科普性，案例选取注重典型性和实用性。

三是教材构建了多层次的文化传播体系。专门设置“食品文化”单元，系统介绍稻米的文明发展史、民族特色乳制品文化、肉食加工的技术演进和传统药膳的养生智慧；在其他单元中融入传统食品工艺的科技智慧、中华美食的审美追求和食品加工中的创新思维；“拓展阅读”中精选地域饮食文化特色、典籍诗文中的饮食哲学、历史名人的美食逸事和“民以食为天”的文化内涵。

这种立体化的编写模式，既确保了语言教学的系统性，又强化了专业知识的实用性，更通过饮食文化这一独特视角，生动展现了中国传统科技智慧和现代食品工业的成就。

三、编写特色

本教材在语言要素编写方面形成了“语音注释 + 词汇分层 +‘三一语法’+ 汉字文化”的特色体系，充分体现了专业性与实用性的有机结合。

在语音方面，教材采用双轨制注释策略：一方面对学习者较为生疏的专业疑难字词加注拼音，另一方面适当辅以英文注释。这种双重标注方式既降低了学习门槛，又增强了教材的可读性，有效解决了专业中文学习中的语音障碍问题。

在词语方面，通过科学的词频统计和领域分析，将每篇课文的词语分为通用词语和专业词语两大类。针对来华食品专业留学生中文水平多处于 HSK 三级的特点，编写团队精心设计词语梯度，确保学习者在完成本教材的学习后，既能实现与通用中文四至五级的顺畅衔接，又能为后续食品工程专业学习构建专业术语基础。

在语法方面，教材创造性地引入“三一语法”教学理念，构建“形式—功能—常用语境”三位一体的语法注释体系。在语法点阐释中融入构式语法等前沿研究成果，使抽象的语法规则具象化为可理解、可运用的语法结构，极大提升了语法教学的有效性。

在汉字方面则独辟蹊径，将汉字文化与专业内容有机融合：如对“糖”字的解析，通过解析其造字理据及“ × 糖”构词规律，揭示其与食品科学的深层关联，既传承了汉字文化，又渗透了专业知识，实现了文化传播与专业教学的双重目标。

这种多维度的语言要素编写体系，在保证教材专业深度的同时，也兼顾了教学实用性，为专业中文教材的编写提供了创新性的范式。

当前，国内面向轻工工程类专业留学生的专门用途中文教材存在明显缺口。本教材在天津科技大学轻工类专业留学生教学实践中进行了试用，获得了良好的教学反馈。试用结果表明，该教材不仅可以有效提升留学生的专业中文水平，更可以为其后续专业课程的深入学习奠定扎实的语言基础。

本教材在编写过程中，参考并选编了食品专业相关教材、学术文献及网络资源等素材，在此谨向所有原作者致以诚挚的谢意。为适应教学需求，教材中的课文及拓展阅读材料均经过适当改写，并尽可能标明来源。但因条件所限，未能与部分原作者取得联系，在此深表歉意。如涉及版权或其他问题，敬请与我们联系，我们将及时妥善处理。

本教材的编写是跨学科协作的成果，编写团队由天津科技大学文、理、工等多学科教师组成，力求在内容编排上既符合语言习得规律，又契合食品工程专业的职业发展需求。编写分工如下：课文由张海涛、赵林晓编写，拓展阅读由李子吟、张海涛编写，全书由张海涛统稿。在教材编写过程中，我们得到了天津科技大学食品科学与工程学院李文钊教授、李红娟副教授，生物工程学院滕玉鸥教授、何洪鹏副教授，以及海洋与环境学院李桂菊教授的专业指导，在此表示衷心感谢。同时，感谢天津科技大学国际中文教育专业刘科拉老师，硕士研究生王悦、张琪琪、杨楚楚、杨之魁、闫诗颖、朱益三、吴江红、刘雪儿等同学在资料整理、校对等方面提供的帮助。

本教材作为专业中文教学的新尝试，难免存在不足之处，我们诚挚欢迎业界专家、同行教师以及使用本教材的师生提出宝贵意见和建议，以便后续修订完善。

主编　张海涛
2025 年 6 月

目录 Content

第一单元

食品科学基础

第 1 课　食品成分知多少	课文 1　食品成分（一） 课文 2　食品成分（二）	拓展阅读　第七大营养素——膳食纤维
第 2 课　奇妙的食品微生物	课文 1　奇妙的食品微生物 课文 2　有益微生物 课文 3　有害微生物	拓展阅读　营养美味的发酵乳制品
第 3 课　食品风味何处来	课文 1　秀色可餐 课文 2　食以味为先 课文 3　食里飘香	拓展阅读　酱油的起源
第 4 课　食品工业概貌	课文　食品工业的发展	拓展阅读　天津的百年老店

01 第 1 课 食品成分知多少

课文导读 Text Introduction

内 容 扫 描： 我们每天吃的食品里都含有哪些成分？哪些成分为人体提供营养和能量？哪些成分的含量占比较高？哪种成分含量最低？一起走进课文 1 和课文 2 了解一下吧。

语言点扫描： 起……作用；……不低于……；没有……就没有……；……由……组成；……被……；只有……，才……；……是……之一；……分为……类；……存在于……；（是）……也是……；除了……（之外），……还/也……；一旦……，就……。

课文 1　食品成分（一）

词语学习 Vocabulary 01–01

通用词语 Common Words and Phrases

1	包含	bāohán	动	contain; include
2	依次	yīcì	副	in order; sequentially
3	加工	jiāgōng	动	process; manufacture
4	关键	guānjiàn	形/名	critical/key
5	含量	hánliàng	名	content
6	几乎	jīhū	副	almost; nearly
7	涉及	shèjí	动	involve; concern
8	品质	pǐnzhì	名	quality
9	蛋白质	dànbáizhì	名	protein
10	消化	xiāohuà	动	digest

11	分解	fēnjiě	动	decompose; break down
12	人体	réntǐ	名	human body
13	吸收	xīshōu	动	absorb
14	奶制品	nǎizhìpǐn	名	dairy products
15	豆制品	dòuzhìpǐn	名	soya products
16	维持	wéichí	动	maintain; sustain
17	能量	néngliàng	名	energy
18	廉价	liánjià	形	inexpensive; cheap
19	淀粉	diànfěn	名	starch

专业词语 Specialized Vocabulary

1	氨基酸	ānjīsuān	名	amino acid
2	碳水化合物	tànshuǐ-huàhéwù	名	carbohydrate
3	单糖	dāntáng	名	monosaccharide
4	低聚糖	dījùtáng	名	oligosaccharide
5	多糖	duōtáng	名	polysaccharide
6	葡萄糖	pútaotáng	名	glucose
7	乳糖	rǔtáng	名	lactose
8	水解度	shuǐjiědù	名	hydrolysis degree
9	蔗糖	zhètáng	名	sucrose
10	麦芽糖	màiyátáng	名	maltose
11	棉子糖	miánzǐtáng	名	raffinose
12	块茎	kuàijīng	名	tuber

词语练习 Word Exercises

1. 根据词语写拼音。

品质__________　　能量__________　　包含__________

消化__________　　加工__________　　氨基酸__________

依次__________　　多糖__________　　低聚糖__________

2. 根据拼音写词语。

dāntáng__________　　pǐnzhì__________　　shèjí__________

hánliàng__________　　réntǐ__________　　wéichí__________

diànfěn__________　　jīhū__________　　dànbáizhì__________

3. 选择搭配。

A. 食品　　B. 品质　　C. 蛋白质　　D. 生命

食品__________　　加工__________　　维持__________　　分解__________

4. 在括号中填入合适的词语。

依次　关键　加工　碳水化合物　分解　能量

（1）水在食品的生产、（　　　　）、保存过程中，都起到了（　　　　）作用。

（2）老师（　　　　）为大家介绍了这种食物的主要成分。

（3）蛋白质只有被消化（　　　　）成氨基酸，才能被人体吸收。

（4）碳水化合物能够为生命提供（　　　　）。

（5）（　　　　）可以分为单糖、低聚糖和多糖三大类。

走进课文 Text 01–02

根据科学研究，食品大概包含六类成分，下面依次介绍前三种：

1. 水：水是食品的主要组成成分，在食品的生产、加工、保存过程中起关键作用。番茄(fānqié)、生菜中水的含量高达95%。肉制品[1]的含水量也往往不低于50%。几乎所有的食品加工都涉及食品中水的处理，食品加工用水的水质直接关系到食品的品质。

2. 蛋白质：蛋白质是生命活动的主要承担者，没有蛋白质就没有生命。蛋白质由多种氨基酸(ānjīsuān)组成，只有被消化分解成氨基酸，蛋白质才能被人体吸收。蛋白质主要来自肉类、蛋类、奶制品和豆制品。在中国，豆制

① 肉制品：meat products，指以畜禽肉为主要原料，经调味制成的熟肉成品或半成品，如香肠、火腿等。× 制品：肉制品、豆制品、奶制品、乳制品、糖制品、塑料制品（plastic products）、金属制品（metal products）等。

品是食物蛋白质的最大来源之一。

3. 碳水化合物：碳水化合物是维持生命能量的主要来源，也是最廉价和最丰富的能量来源。碳水化合物可以分为单糖、低聚糖（dījùtáng）和多糖三大类。常见的单糖有葡萄糖（pútaotáng）、半乳糖（bànrǔtáng）等，它们的水解度（shuǐjiědù）较高。低聚糖主要包括蔗糖（zhètáng）、乳糖、麦芽糖、棉子糖等，它广泛存在于果蔬、谷物、豆制品中。淀粉（diànfěn）属于最常见的多糖，主要存在于植物的种子和块茎（kuàijīng）中。

课文问答 Questions about the Text

理解课文，回答下面的问题。

（1）水在哪些过程中起到了关键作用?

（2）蛋白质被人体吸收的必要条件是什么?

（3）最常见的多糖是什么? 主要存在于哪里?

综合注释 Comprehensive Notes

1. 水在食品的生产、加工、保存过程中起关键作用。

起……作用

- **形式结构**　S + 起 + Adj/V + 作用
- **功能作用**　表示某事物或行为在某个场景中的作用。
- **常用语境**　介绍事物的作用。例如：

①螺丝钉在机械行业中起到了重要作用。

②食品的包装对食品起到保护作用。

练习 **根据语境，用“起……作用”完成句子。**

（1）温度对果蔬产品的保存＿＿＿＿＿＿＿＿＿＿＿＿＿＿＿＿＿＿＿＿＿＿＿＿＿＿＿＿。

（2）路灯上的太阳能板白天吸收太阳能，将其转化为电能储存起来，＿＿＿＿＿＿＿节约资源＿＿＿＿＿＿＿。

2. 肉制品的含水量也往往不低于50%。

……不低于……

形式结构 S + 不低于 + 对象/范围

功能作用 用在主语后，引出最低数值。属于正式语体表达。

常用语境 说明食品中某成分的含量等于或大于某个范围。例如：

①番茄、生菜中水的含量一般不低于 90%。

②一般情况下，成人每天摄入的蛋白质应不低于 60 g。

3. 没有蛋白质就没有生命。

没有……就没有……

形式结构 没有 A 就没有 B

功能作用 表示假设关系，“没有”后面的成分（A）表示某一事物或情况存在的前提，“就没有”后面的成分（B）指出现的结果。

常用语境 描述 A 是 B 的前提或条件。例如：

①没有代谢（dàixiè，to metabolize）就没有生物体自身的稳定和更新。

②没有创新就没有科技的进步。

练习 **用“没有……就没有……”改写下面的句子。**

（1）水是生命之源。

____

（2）人类生命活动的进行需要食物提供营养。

____

4. 蛋白质由多种氨基酸组成。

……由……组成

形式结构 A 由 B 组成 /A 是由 B 组成的

功能作用 表示个体或部分组合成为整体，强调的是整体中的个体。

常用语境 介绍食品成分或物质的组成材料。例如：

①鸡蛋由蛋白、蛋黄和蛋壳三部分组成。

②多糖是由 10 个以上单糖组成的聚合糖高分子碳水化合物。

练习 **根据词义连线，并用“……由……组成”完成句子。**

蜂蜜	溶质、溶剂
溶液	氨基酸
蛋白质	葡萄糖、果糖、少量维生素、矿物质

（1）________________

（2）________________

（3）________________

5. 蛋白质由多种氨基酸组成，只有被消化分解成氨基酸，蛋白质才能被人体吸收。

……被……

形式结构　A 被（B）+ VP

功能作用　用于表示被动的意义，重在强调某种结果，施事 B 可以出现，也可以不出现。

常用语境

（1）介绍食品被分解成某几种物质。例如：

①蛋白质被消化分解成氨基酸。

②乳糖被分解成了葡萄糖和半乳糖。

（2）介绍食品被加工成某种形态。例如：

①小麦被加工成面粉。

②苹果被榨汁机压榨成了果汁。

练习 根据所给词语，用“……被……”造句。

（1）乳糖　分解成　葡萄糖　半乳糖

____

（2）水　称为　人类　生命源泉

____

6. 蛋白质由多种氨基酸组成，只有被消化分解成氨基酸，蛋白质才能被人体吸收。

只有……，才……

形式结构　（S +）只有 + VP，（S +）才 + VP

功能作用　表示条件关系的复句，“只有”指出实现结果的必要条件，也是唯一条件，没有这个条件就不能产生“才”后面的结果。

常用语境　介绍食品被吸收、食用、产生某些作用的必要条件。

①只有摄入足够的蛋白质，才能维持人体组织的更新。

②牛奶只有经过消毒灭菌，才能饮用。

练习 用“只有……才……”改写下面的句子。

（1）碳水化合物在大量辐照处理下，会发生氧化和分解。

（2）食材经过加工处理，变成美食。

7. 在中国，豆制品是食物蛋白质的最大来源之一。

……是……之一

形式结构 S + 是 + NP + 之一

功能作用 表示一定范围中的数量或事物中的一个，常用于说明文，“之一”体现说明文语言的准确性。

常用语境

（1）介绍说明食品成分的重要性或重要来源。例如：

①豆制品是食物蛋白质的最大来源之一。

②淀粉是最常见的多糖之一。

（2）介绍说明食品加工的重要方法。例如：

热处理是食品加工中最重要的处理方法之一。

练习 根据所给词语，用“……是……之一”造句。

（1）维生素 C　果蔬组织　主要　营养成分

（2）二氧化碳　影响　生物生长　气体

8. 碳水化合物可以分为单糖、低聚糖和多糖三大类。

……分为……类

形式结构 A 分为（+ a、b、c ……）+ 数字 + 类

功能作用 表示将较大范围内的事物根据种类、性质或等级分别归类。有时用“几”代替具体数字。

常用语境 介绍事物或食品成分的类型或等级。例如：

①按温度划分，食品中的细菌可分为低温细菌、中温细菌和高温细菌三类。

②根据溶解性质的不同，可将维生素分为水溶性维生素和脂溶性维生素两大类。

练习 用“……分为……类”造句。

（1）________________________________

（2）________________________________

9. 低聚糖主要包括蔗糖、乳糖、麦芽糖、棉子糖等，它广泛存在于果蔬、谷物、豆制品中。

……存在于……

- **形式结构**　S + 存在于 + 地方
- **功能作用**　表示事物存在的处所、来源等。属于正式语体表达。
- **常用语境**　介绍食品成分的存在处所等。例如：

①蛋白质主要存在于肉类、奶制品和豆制品中。

②淀粉主要存在于植物的种子和块茎中。

练习 选词填空。

A. 不低于　B. 存在于

（1）动植物组织的水分________细胞（xìbāo，cell）和细胞间隙。

（2）成人每日的水摄入量应________2 L。

汉字学习 Chinese Character Learning

汉字小课堂 Chinese Character Classroom

 甲骨文：米　 小篆：米

米

拼　音　mǐ

构　造　甲骨文像散开的米粒，中间是放米的架子横梁。食品相关汉字常用偏旁。

糖

拼　音　táng

构　造　形声字，左边形旁“米”表示糖由谷物转化而来，右边“唐”是声旁。

合成词　× 糖，× 可指糖的来源，如：蔗糖、果糖、麦芽糖、乳糖。× 也可指糖的种类，如：红糖、白糖、单糖、多糖、葡甘露聚糖。

粉

拼　音　fěn

构　造　形声字，左边形旁"米"表示粉是由谷物加工而成的粉末，右边"分"是声旁也是形旁，指分开、分解、分裂。

合成词　× 粉，× 可指粉末的来源，如：淀粉、奶粉、药粉、脂粉、珍珠粉。× 也可指粉末的用途，如：发酵粉、调味粉、漂白粉。

写汉字 Character Writing

米米米米米米米米米米

糖糖糖糖糖糖糖糖糖糖

粉粉粉粉粉粉粉粉粉粉

课文 2　食品成分（二）

词语学习 Vocabulary 01–03

通用词语 Common Words and Phrases

1	脂肪	zhīfáng	名	fat
2	功能	gōngnéng	名	function
3	构成	gòuchéng	动	constitute
4	供给	gōngjǐ	动	provide; supply
5	摄入	shèrù	动	intake
6	提供	tígōng	动	provide; offer
7	调节	tiáojié	动	regulate; adjust
8	代谢	dàixiè	动	metabolize
9	人类	rénlèi	名	humanity; humankind

10	必需	bìxū	动	must have; need
11	缺乏	quēfá	动	lack
12	损害	sǔnhài	动	damage; impair
13	合成	héchéng	动	synthesize; compound
14	获取	huòqǔ	动	obtain; acquire
15	必不可少	bìbùkěshǎo	成	indispensable; essential
16	元素	yuánsù	名	element
17	膳食	shànshí	名	diet
18	营养	yíngyǎng	名	nutrition

专业词语 Specialized Vocabulary

1	脂溶性	zhīróngxìng	名	liposolubility
2	矿物质	kuàngwùzhì	名	minerals
3	常量	chángliàng	名	constant
4	微量	wēiliàng	名	small amount; trace
5	钙	gài	名	calcium
6	镁	měi	名	magnesium
7	钾	jiǎ	名	potassium
8	钠	nà	名	sodium
9	磷	lín	名	phosphorus
10	硫	liú	名	sulfur
11	氯	lǜ	名	chlorine
12	铁	tiě	名	iron
13	铜	tóng	名	copper
14	碘	diǎn	名	iodine
15	硒	xī	名	selenium
16	锌	xīn	名	zinc
17	锰	měng	名	manganese
18	钼	mù	名	molybdenum

19	钴	gǔ	名	cobalt
20	铬	gè	名	chromium
21	锡	xī	名	tin
22	钒	fán	名	vanadium
23	硅	guī	名	silicon
24	镍	niè	名	nickel
25	氟	fú	名	fluorine

词语练习 Word Exercises

1. 根据词语写拼音。

提供__________　　必需__________　　膳食__________

摄入__________　　合成__________　　缺乏__________

调节__________　　元素__________　　脂溶性__________

2. 根据拼音写词语。

kuàngwùzhì__________　　dàixiè__________　　gōngjǐ__________

chángliàng__________　　huòqǔ__________　　gài__________

sǔnhài__________　　zhīfáng__________　　tiě__________

3. 选择搭配。

A. 维生素　　B. 能量　　C. 代谢

吸收__________　　缺乏__________　　调节__________

4. 在括号中填入合适的词语。

常量　微量　摄入　必不可少　代谢

（1）人们每天对碘的膳食需要量在 100 mg 以下，碘属于矿物质中的（　　　）元素。

（2）维生素有着调节人体（　　　）的重要作用。

（3）蛋白质、维生素和矿物质等是人体（　　　）的物质。

（4）钙是人体中的（　　　）元素。

（5）人体每天都需要（　　　）大量的能量和营养物质。

走进课文 Text 01–04

根据科学研究，食品大概包含六类成分，下面依次介绍后三种：

1. 脂肪(zhīfáng)：脂肪是重要的脂类物质，脂类物质具有重要的生物功能，也是构成生物膜的重要物质。脂肪供给的能量占人体每天能量摄入(shèrù)的 10%—30%。脂肪除了提供能量之外，还能帮助人体吸收脂溶性(zhīróngxìng)维生素。

2. 维生素(wéishēngsù)：虽然人体对维生素的需要量很小，但是维生素有着调节人体代谢的重要作用，属于维持人类生命活动必需的物质。一旦缺乏必需维生素，就可能会对人体健康造成损害。大多数维生素不能由人体合成，只能从食物中获取。

3. 矿物质(kuàngwùzhì)：矿物质是人体必不可少的元素(yuánsù)，它可以分为常量(chángliàng)元素和微量(wēiliàng)元素。常量元素有钙(gài)、镁(měi)、钾(jiǎ)、钠(nà)、磷(lín)、硫(liú)、氯(lǜ) 7 种，人体对它们的膳食(shànshí)需要量每天都在 100 mg 以上。微量元素有铁、铜、碘(diǎn)、硒(xī)、锌(xīn)、锰(měng)、钼(mù)、钴(gǔ)、铬(gè)、锡(xī)、钒(fán)、硅(guī)、镍(niè)、氟(fú) 14 种，人体对其膳食需要量每天在 100 mg 以下。

几种常见食物营养成分含量表

食物（100 g）	水/g	蛋白质/g	碳水化合物/g	脂肪/g	维生素/mg	矿物质/mg
苹果	85.90	0.20	12.30	0.20	6.40	2.60
萝卜	93.90	0.80	4.00	0.10	19.69	116.30
大米	13.30	7.40	77.20	0.80	2.51	19.10
猪肉（瘦）	71.00	20.30	1.50	6.20	6.28	66.50

课文问答 Questions about the Text

理解课文，回答下面的问题。

（1）脂肪的作用有哪些？

（2）为什么说维生素对人体有很重要的作用？

（3）矿物质可以分为哪两种？人体每天对这两种矿物质的需求量分别是多少？

综合注释 Comprehensive Notes

1. 脂类物质具有重要的生物功能，也是构成生物膜的重要物质。

（是）……也是……

形式结构 （S + 是 A，）也是 B

功能作用 表示并列关系，前后两个小句描写相关的几件事或事物的几个方面。

常用语境

（1）介绍食品成分在不同方面的重要作用。例如：

①脂肪是生命必需的营养物质，也是人体重要的能量储存物质。

②矿物质是人体必不可少的元素，也是果蔬中重要的营养成分之一。

（2）介绍事物的几个不同性质。例如：

①营养功能是食品的第一功能，也是最基本的功能。

②太阳是万物生长的根本，也是光明的源泉。

练习 用“是……也是……”将给出的两句话合成一句。

（1）这是传统的方法。这是应用最广泛的方法。

___

（2）蛋类是最有营养价值的食品之一。蛋类是世界各地普遍食用的食品之一。

___

2. 脂肪除了提供能量之外，还能帮助人体吸收脂溶性维生素。

除了……（之外），……还/也……

形式结构 除了 + NP/VP/AP（之外），S + 还/也 + VP

S + 除了 + NP/VP/AP（之外），还/也 + VP

功能作用 用来表达数量多，在一部分之外还有另外一部分。补充强调后面一种情况的存在。

常用语境 列举说明食品成分的重要作用或功能。例如：

①蛋白质除了提供能量之外，还能组成皮肤、毛发等人体组织。

②碳水化合物除了是生命细胞结构的主要成分之外，还有调节细胞活动的功能。

练习 根据表格内容，用“除了……，还……”造句。

水	食品的重要组成成分	人体必需的重要营养物质
维生素	参与人体的生化反应	调节人体的代谢功能

（1）________________

（2）________________

3. 一旦缺乏必需维生素，就可能会对人体健康造成损害。

一旦……，就……

形式结构　S + 一旦 A，就 B

一旦 A, S + 就 B

功能作用　假设复句，“一旦”表示充足条件，“就”表示在这种条件下就能够产生相应的结果。

常用语境　用于表达具备某种条件（或不具备某种条件），就会产生某种结果。例如：

①一旦发生安全事故，就会造成损失。

②一旦长期缺乏蛋白质，生命活动就将无法维持。

练习 根据语境，完成句子。

（1）一旦食品加工用水的水质出现问题，________________。

（2）一旦缺少水分，________________。

课堂活动 Classroom Activities

☆ 说一说，写一写

根据下面的提示，运用本课所学的词语和语法，向大家介绍一种你家乡的特色食品，并写一篇 100 字左右的作文。

（1）这种食品含有哪些成分？

（2）这种食品中的哪些成分能提供营养和能量？

（3）这种食品包含哪些常量元素和微量元素？

（4）当地人为什么喜欢这种特色食品？

汉字学习 Chinese Character Learning

汉字小课堂 Chinese Character Classroom

 金文：金  小篆：金

金

拼　音　jīn

构　造　金属元素，元素符号是 Au。象形字。金属相关汉字常用偏旁。

铜

拼　音　tóng

构　造　金属元素，元素符号是 Cu。形声字，左边“钅”表示金属，右边“同”是声旁。

锌

拼　音　xīn

构　造　金属元素，元素符号是 Zn。形声字，左边“钅”表示金属，右边“辛”是声旁。

镁

拼　音　měi

构　造　金属元素，元素符号是 Mg。形声字，左边“钅”表示金属，右边“美”是声旁。

钾

拼　音　jiǎ

构　造　金属元素，元素符号是 K。形声字，左边“钅”表示金属，右边“甲”是声旁。

同类金属元素　钙、钠、锰、钼、钴、铬、锡、钒、镍

写汉字 Character Writing

金	金	金	金	金	金	金	金	金	金
铜	铜	铜	铜	铜	铜	铜	铜	铜	铜
锌	锌	锌	锌	锌	锌	锌	锌	锌	锌

镁 镁 镁 镁 镁 镁 镁 镁 镁 镁

钾 钾 钾 钾 钾 钾 钾 钾 钾 钾

拓展阅读 Extended Reading

第七大营养素——膳食纤维

人体必需的六大营养素包括蛋白质、脂肪、碳水化合物、维生素、矿物质和水。膳食纤维（xiānwéi）作为一类特殊的碳水化合物，虽无法被人体消化吸收，也不提供能量，却因其重要的生理功能，被国际营养学界正式认定为人体必需的第七种营养素。膳食纤维主要来源于植物性食物，根据溶解性可将其分为两类：

1. 可溶性膳食纤维（如果胶（guǒjiāo）、β－葡聚糖（pújùtáng））：溶于水后形成胶状物质，能延缓胃排空，降低胆固醇（dǎngùchún）和血糖（xuètáng），常见于燕麦、苹果、柑橘等。以盛产于中国四川的魔芋（móyù）为例，其主要成分葡甘露聚糖具有超强吸水性，属于低热量的优质可溶性纤维，具有调节血脂、控制血糖及改善肠道（chángdào）功能的作用。

2. 不可溶性膳食纤维（如纤维素、木质素）：不溶于水，可增大食物残渣体积，促进肠道蠕动，预防便秘，主要存在于全谷物、豆类及蔬菜的茎叶中。不可溶性纤维通过物理刺激提高胃肠蠕动效率，缩短食物残渣在消化道的停留时间，对预防和改善便秘具有显著效果。

根据文章内容，回答问题。

1. 什么是膳食纤维？它为什么被称为“第七大营养素”？
2. 可溶性膳食纤维常见于哪些食物中？
3. 魔芋的主要成分是什么？它具有什么作用？
4. 不可溶性膳食纤维主要存在于哪些食物中？它具有什么作用？

02 第2课 奇妙的食品微生物

课文导读 Text Introduction

内容扫描： 人类生活在一个被微生物环绕的世界里，其实肉眼看不见的微生物，才是地球的真正主角。与食品密切相关的微生物主要有哪些呢？这些食品微生物又有哪些作用呢？让我们一起走进课文探究这些问题吧。

语言点扫描： ……才（能）……；……才是……；与……（密切）相关；一是……，二是……，三是……；众所周知；此外；"将/把"字句（一）；用于；称之为；该。

课文1　奇妙的食品微生物

词语学习 Vocabulary 02-01

通用词语 Common Words and Phrases

1	细菌	xìjūn	名	bacteria
2	病毒	bìngdú	名	virus
3	通常	tōngcháng	副	usually
4	肉眼	ròuyǎn	名	naked eye
5	显微镜	xiǎnwēijìng	名	microscope
6	区分	qūfēn	动	distinguish; differentiate
7	形态	xíngtài	名	form
8	环绕	huánrào	动	surround
9	主角	zhǔjué	名	protagonist
10	密切	mìqiè	形/动	close
11	相关	xiāngguān	动	be related to

12	保鲜	bǎoxiān	动	keep fresh
13	储存	chǔcún	动	store; store up
14	导致	dǎozhì	动	lead to; cause
15	腐败	fǔbài	动	decay; rot
16	变质	biànzhì	动	go bad; deteriorate
17	蘑菇	mógu	名	mushroom
18	平菇	pínggū	名	oyster mushroom
19	草菇	cǎogū	名	straw mushroom
20	香菇	xiānggū	名	shiitake mushroom
21	喜闻乐见	xǐwén-lèjiàn	成	be delighted to hear and see

专业词语 Specialized Vocabulary

1	微生物	wēishēngwù	名	microorganism
2	真菌	zhēnjūn	名	fungus
3	酵母	jiàomǔ	名	yeast
4	藻类	zǎolèi	名	algae
5	霉菌	méijūn	名	mould
6	乳酸菌	rǔsuānjūn	名	lactic acid bacteria
7	黄曲霉菌	huángqūméijūn	名	Aspergillus flavus
8	病原微生物	bìngyuán wēishēngwù		pathogenic microorganisms
9	沙门氏菌	shāménshìjūn	名	Salmonella
10	肉质	ròuzhì	名	texture; meat quality

词语练习 Word Exercises

1. 根据词语写拼音。

细菌__________　　保鲜__________　　乳酸菌__________

病毒__________　　导致__________　　微生物__________

区分__________　　变质__________　　显微镜__________

2. 根据拼音写词语。

mìqiè__________ xíngtài__________ fǔbài__________

xiāngguān__________ tōngcháng__________ jiàomǔ__________

3. 在括号中填入合适的词语。

保鲜	导致	区分	环绕	变质	密切

（1）食品加工过程中引起食品（　　　）的原因有很多。

（2）霉菌与食品的腐败过程有（　　　）的联系。

（3）肉眼无法（　　　）微生物的形态。

（4）黄曲霉菌、大肠杆菌等微生物容易（　　　）食品变质。

（5）果蔬常通过降低环境温度的方法进行（　　　）和储存。

（6）人体被微生物（　　　）着，微生物与我们共存。

走进课文 Text 02-02

微生物包括细菌（xìjūn）、病毒、真菌、酵母（jiàomǔ）和少数藻类等。微生物通常肉眼看不到，需要在显微镜下才能观察到，细菌需要放大至少 200 倍，其他微生物一般需要放大 1000 倍以上才能区分其形态。人类生活在一个被微生物环绕的世界里，其实肉眼看不见的微生物才是地球的真正主角。微生物中与食品密切相关的主要有细菌、酵母菌和霉菌（méijūn）。

食品中常见的微生物主要有三类：一是用于生产食品的微生物，如乳酸菌（rǔsuānjūn）等；二是食品保鲜和储存过程中产生的微生物，如导致食物腐败变质的黄曲霉菌（huángqūméijūn）；三是食源性病原微生物，如沙门氏菌（shāménshìjūn）等。

还有一种微生物是可食用的食用菌，食用菌类一般都是高等真菌的子实体。常见的对人体有益的食用菌有蘑菇、平菇、草菇、香菇等。食用菌肉质肥厚，味道鲜美，富含碳水化合物、蛋白质、氨基酸、维生素、矿物质等营养成分，深受人们喜爱。

课文问答 Questions about the Text

理解课文，回答下面的问题。

（1）哪些微生物与食品密切相关？

（2）食品中常见的微生物主要有哪几种？

（3）常见的对人体有益的食用菌有哪些？

综合注释 Comprehensive Notes

1. 微生物通常肉眼看不到，需要在显微镜下才能观察到，细菌需要放大至少 200 倍，其他微生物一般需要放大 1000 倍以上才能区分其形态。

……才（能）……

形式结构　……才（能）……

功能作用　“才”是副词，表示只有在某种条件下或由于某种原因、目的而能怎么样，前面常有“需要、只有、必须、要、因为、由于”等词语。

常用语境

（1）介绍观察微生物的条件。例如：

①微生物通常需要在显微镜下才能观察到。

②其他微生物一般需要放大 1000 倍以上才能区分其形态。

（2）介绍食品保鲜的条件。例如：

①只有在不破坏果蔬品质的前提下抑制病原菌，才能获得良好的防腐效果。

②番茄、香蕉、黄瓜等一般只有在 10 ℃以上的环境中才能保持新鲜。

2. 肉眼看不见的微生物才是地球的真正主角。

……才是……

形式结构　S + 才是 + NP

功能作用　强调真正的事物、情况、原因等。

常用语境　用于指出真实的情况。例如：

①在多种真菌中，食用菌才是人们喜欢的。

②霉菌才是食物发霉的根本原因。

练习 选词填空。

A. 才能　　B. 才是

（1）通常糖液浓度要达到 65%—85%，__________抑制细菌和霉菌的生长。

（2）对于肉眼不可见的微生物，用显微镜观察__________最好的选择。

3. 微生物中与食品密切相关的主要有细菌、酵母菌和霉菌。

与……（密切）相关

- **形式结构**　A 与 B（密切）相关
- **功能作用**　表示彼此关联。用于指出事物、情况、原因等与另一事物相关。
- **常用语境**

（1）列举与食品密切相关的微生物。例如：

微生物中与食品密切相关的主要有细菌、酵母菌和霉菌。

（2）介绍与食品保鲜、食品变质相关的因素。例如：

①食物的保鲜与食物中的含水量密切相关。

②食品的腐败变质与霉菌密切相关。

练习 根据所给词语，用“与……（密切）相关”造句。

（1）病毒　生病

____

（2）人类文明　进化　食物

____

4. 食品中常见的微生物主要有三类：一是用于生产食品的微生物，如乳酸菌等；二是食品保鲜和储存过程中产生的微生物，如导致食物腐败变质的黄曲霉菌；三是食源性病原微生物，如沙门氏菌等。

一是……；二是……；三是……

- **形式结构**　一是 NP_1；二是 NP_2；三是 NP_3

  一是 VP_1；二是 VP_2；三是 VP_3
- **功能作用**　表示顺序，用来连接词语或句子。前面小句提出一件事或一种情况，后面分别述说事件或情况的几个方面。

常用语境

（1）列举食品中微生物的种类。例如：

食品中常见的微生物主要有三类：一是用于生产食品的微生物；二是食品保鲜和储存过程中产生的微生物；三是食源性病原微生物。

（2）列举食用菌的作用。例如：

食用菌对人体健康有重要作用：一是抗癌；二是抗病毒；三是助消化。

（3）列举乳酸菌的分布状况。例如：

乳酸菌分布广泛：一是存在于肉、乳和蔬菜等食品中；二是存在于畜、禽的肠道中；三是存在于人类和其他哺乳动物的口腔、肠道等环境中。

练习 **用“一是……；二是……；三是……”写一段话。**

____

____

____

汉字学习 Chinese Character Learning

汉字小课堂 Chinese Character Classroom

甲骨文： 艹（草）

图说：菌

图说：藻

菌

拼　音　jūn

构　造　形声字，形旁是“艹”，表示植物，声旁是“囷”。菌指微生物，属于个体微小、结构简单的低等生物。

合成词　× 菌，× 指微生物菌的种类，如：细菌、病菌、真菌、乳酸菌、酵母菌、葡萄球菌、醋酸杆菌、黄曲霉菌、大肠杆菌、沙门氏菌、嗜热链球菌。

菇

拼　音　gū

构　造　形声字，形旁是“艹”，声旁是“姑”。菇属于菌类的一种。

合成词　蘑菇、香菇、平菇、草菇、冬菇。

藻

拼　音　zǎo

构　造　形声字，形旁是“艹”，声旁是“澡”。

合成词　水藻、海藻、秋藻。

- 写汉字 Character Writing

菌	菌	菌	菌	菌	菌	菌	菌	菌	菌
菇	菇	菇	菇	菇	菇	菇	菇	菇	菇
藻	藻	藻	藻	藻	藻	藻	藻	藻	藻

课文 2　有益微生物

词语学习 Vocabulary 02–03

- 通用词语 Common Words and Phrases

1	众所周知	zhòngsuǒzhōuzhī	成	as is known to all
2	发酵	fājiào	动	ferment
3	制作	zhìzuò	动	make; produce
4	奶酪	nǎilào	名	cheese
5	酿造	niàngzào	动	brew
6	不可或缺	bùkě-huòquē	成	indispensable; essential
7	酱油	jiàngyóu	名	soy sauce
8	食醋	shícù	名	vinegar
9	泡菜	pàocài	名	pickled vegetables
10	榨菜	zhàcài	名	preserved mustard stem

11	释放	shìfàng	动	release
12	此外	cǐwài	连	besides; in addition
13	口感	kǒugǎn	名	taste
14	含有	hányǒu	动	contain; include
15	添加	tiānjiā	动	add
16	保加利亚	Bǎojiālìyà	名	Bulgaria

专业词语 Specialized Vocabulary

1	酵母菌	jiàomǔjūn	名	Saccharomyces
2	米曲霉菌	mǐqūméijūn	名	Aspergillus oryzae
3	曲霉菌	qūméijūn	名	Aspergillus
4	醋酸杆菌	cùsuān gǎnjūn		Acetobacter
5	杆菌	gǎnjūn	名	bacillus
6	肠膜明串珠菌	chángmómíngchuànzhūjūn	名	Leuconostoc mesenteroides
7	植物乳杆菌	zhíwù rǔgǎnjūn		Lactobacillus plantarum
8	酒曲	jiǔqū	名	distiller's yeast
9	嗜热链球菌	shìrè liànqiújūn		Streptococcus thermophilus
10	双歧杆菌	shuāngqí gǎnjūn		Bifidobacterium
11	红曲霉菌	hóngqūméijūn	名	Monascus purpureus
12	丝状真菌	sīzhuàng zhēnjūn		filamentous fungus

词语练习 Word Exercises

1. 根据词语写拼音。

奶酪__________　　众所周知__________　　此外__________

酿造__________　　双歧杆菌__________　　酵母菌__________

2. 根据拼音写词语。

bùkě-huòquē__________　　jiàngyóu__________　　pàocài__________

Bǎojiālìyà__________　　shícù__________　　zhàcài__________

3. 在括号中填入合适的词语。

酿造　不可或缺　曲霉菌

（1）微生物是自然界中（　　　）的一部分。

（2）（　　　）可以用于酿造食醋和米酒等。

（3）（　　　）啤酒基本要经过三个阶段：制麦、糖化和发酵。

走进课文 Text 02-04

我们一起来了解一下生产食品的有益微生物。众所周知，食物的发酵离不开微生物。制作奶酪(nǎilào)时，乳酸菌必不可少。制作馒头、面包等发酵食品，酿造啤酒等发酵饮品，酵母菌不可或缺。酿造酱油(jiàngyóu)的过程中，米曲霉菌(mǐqūméijūn)发挥主要作用。参与食醋(shícù)酿造的微生物有曲霉菌、酵母菌和醋酸(cùsuān)杆菌(gǎnjūn)。乳酸菌还可以用来制作泡菜、榨菜(zhàcài)、酸黄瓜等，泡菜发酵过程中起作用的微生物主要是肠膜明串珠菌(chángmómíngchuànzhūjūn)和植物(zhíwù)乳杆菌(rǔgǎnjūn)。

在制作和酿造过程中，微生物将食物中的糖分进行分解，释放出美味物质。酿造葡萄酒时，葡萄中的糖分被酵母菌分解，产生酒精。此外，微生物把葡萄汁中的酸性化合物转化成柔和口味的物质，产生较为独特的口感。酿造米酒用到的酒曲中含有曲霉菌和酵母菌。制作酸奶需要在牛奶中添加保加利亚(Bǎojiālìyà)乳杆菌(rǔgǎnjūn)和嗜热(shìrè)链球菌(liànqiújūn)，有时还会在酸奶中添加其他乳酸菌和双歧(shuāngqí)杆菌(gǎnjūn)，这些细菌将牛奶中的乳糖分解掉，产生乳酸及其他化学成分。豆腐制作成的腐乳(fǔrǔ)使用了红曲霉菌(hóngqūméijūn)来发酵。霉豆腐的加工主要依赖丝状真菌。

● 课文问答 Questions about the Text

理解课文，回答下面的问题。

（1）酵母菌可以用来制作哪些食物？

（2）在食醋的酿造过程中，用到了哪些微生物？

（3）制作酸奶需要哪些微生物？这些微生物的作用是什么？

综合注释 Comprehensive Notes

1. 众所周知，食物的发酵离不开微生物。

"众所周知"，表示大家全都知道，常用于句首。例如：

①众所周知，乳酸菌是可以用于食品生产的微生物。

②众所周知，黄曲霉菌会导致食物腐败变质。

练习 用"众所周知"造句。

（1）________________

（2）________________

2. 酿造葡萄酒时，葡萄中的糖分被酵母菌分解，产生酒精。此外，微生物把葡萄汁中的酸性化合物转化成柔和口味的物质，产生较为独特的口感。

此外

- 形式结构　此外，……
- 功能作用　"此外"是连词，用于连接小句或段落，指除了前文所说的事物或情况以外的。后面如果是肯定形式，表示除了所说的，还有别的事物或情况。
- 常用语境　介绍食品成分、微生物的作用。例如：

①食品中的营养成分主要有蛋白质、脂肪、维生素、碳水化合物、矿物质、膳食纤维。此外，水也是人体代谢过程中必不可少的物质。

②核酸已被开发成保健食品。此外，核酸还被广泛用于基因工程的研究。

练习 用"此外"造句。

（1）________________

（2）________________

3. 这些细菌将牛奶中的乳糖分解掉，产生乳酸及其他化学成分。

"将/把"字句（一）

- 形式结构　A将/把B + VC
- 功能作用　"将/把"，做介词，用来表达物体由动作引发的变化或结果。
- 常用语境

（1）表达食品成分分解。例如：

①微生物将食物中的糖分进行分解，生成美味物质。

②蛋白酶将蛋白质分解为氨基酸。

（2）表达食品成分转化。例如：

微生物把葡萄汁中的酸性化合物转化成柔和口味的物质。

（3）用于杀死微生物、混合食品成分的相关表达。例如：

①高温能将微生物杀死。

②冰盐混合物是将冰与盐均匀混合形成的。

练习 做一做，说一说。

做饭、做实验的时候，边说边做，体会“将/把”字句（一）的用法。

汉字学习 Chinese Character Learning

汉字小课堂 Chinese Character Classroom

甲骨文：酉（像酒瓶之形）

甲骨文：酒（像酒瓶与酒液）

酿

拼　音　niàng

构　造　形声字，左边形旁“酉”代表与酒有关，右边“良”是声旁。酿，指利用发酵作用制作酒、醋、酱油等。

合成词　陈酿、佳酿、冬酿。

醋

拼　音　cù

构　造　形声字，左边“酉”代表用酒糟发酵制成，右边“昔”是声旁。醋，指酸味的液体调料。

合成词　×醋，×指醋的种类或性质，如：食醋、陈醋、米醋、白醋、黑醋。

酸

拼　音　suān

构　造　形声字，左边形旁“酉”代表与“酒、醋”有关，右边“夋”是声旁。酸，指醋的味道，化学上指能在水溶液中产生氢离子的化合物。

合成词　酸×，表示酸味的物品，如：酸菜、酸奶、酸笋。

×酸，×指酸类化合物的种类，如：有机酸、无机酸、乳酸、磷酸、谷氨酸。

酵

拼　音　jiào

构　造　形声字，左边形旁“酉”代表与酒有关，右边“孝”是声旁。酵者，酒之母，指用于发酵的有机物。

合成词　酵母、酵素、发酵。

酪

拼　音　lào

构　造　形声字，左边形旁“酉”代表与酒类或发酵有关，右边“各”是声旁。《说文解字》：“酪，乳浆也。”酪，指用动物乳汁做成的半凝固发酵食品。

合成词　× 酪，× 指酪的种类，如：奶酪、乳酪、干酪。

写汉字 Character Writing

酿	酿	酿	酿	酿	酿	酿	酿	酿	酿
醋	醋	醋	醋	醋	醋	醋	醋	醋	醋
酸	酸	酸	酸	酸	酸	酸	酸	酸	酸
酵	酵	酵	酵	酵	酵	酵	酵	酵	酵
酪	酪	酪	酪	酪	酪	酪	酪	酪	酪

课文 3　有害微生物

词语学习 Vocabulary 02–05

通用词语 Common Words and Phrases

1	引起	yǐnqǐ	动	cause; result in
2	污染	wūrǎn	动	pollute
3	人员	rényuán	名	personnel
4	引发	yǐnfā	动	trigger; cause
5	中毒	zhòngdú	动	poison
6	事件	shìjiàn	名	incident
7	休克	xiūkè	动	shock
8	腹泻	fùxiè	动	have diarrhea
9	发热	fārè	动	have a fever

专业词语 Specialized Vocabulary

1	巴氏消毒法	Bāshì xiāodúfǎ		pasteurization
2	病原菌	bìngyuánjūn	名	pathogenic bacteria
3	大肠杆菌	dàcháng gǎnjūn		Escherichia coli
4	革兰氏阴性杆菌	gélánshì yīnxìng gǎnjūn		Gram-negative bacilli
5	菌株	jūnzhū	名	bacterial strain
6	葡萄球菌	pútaoqiújūn	名	Staphylococcus

词语练习 Word Exercises

1. 根据词语写拼音。

污染__________　　休克__________　　发热__________

引发__________　　腹泻__________　　人员__________

2. 根据拼音写词语。

yǐnqǐ__________　　fùxiè__________　　fārè__________

wūrǎn__________　　xiūkè__________　　shìjiàn__________

3. 选择搭配。

A. 感染　　B. 中毒　　C. 污染

引发__________　　引起__________　　受到__________

4. 在括号中填入合适的词语。

巴氏消毒法　引发　污染　休克　发热

（1）受到细菌（　　　）的食物会危害人们的健康。

（2）细菌、真菌等病原微生物的感染会引起腹泻、（　　　）等症状，严重时甚至会导致（　　　）。

（3）（　　　　　）能够杀死牛奶中的病菌，并且不影响牛奶的味道。

（4）食源性病原微生物容易（　　　）食物中毒。

走进课文 Text 02-06

我们再来看看导致食物变质的微生物。众所周知，食物的腐败(fǔbài)变质是微生物的作用。1865 年，法国微生物学家巴斯德(Bāsīdé)[①]发明了巴氏消毒法(Bāshì xiāodúfǎ)，用来杀灭引起葡萄酒变酸的微生物，但是它不能彻底灭菌。该法能够杀死牛奶及其他奶制品和啤酒中的病原菌(bìngyuánjūn)，特别是沙门氏杆菌(shāménshì gǎnjūn)和结核杆菌(jiéhé gǎnjūn)。这种消毒法至今仍用于牛奶的杀菌保鲜。黄曲霉菌产生的黄曲霉毒素是一种毒性较强的致癌物质，广泛地存在于霉变的花生、谷物和果仁中，在食品加工过程中要防止黄曲霉菌的污染。

食物中还可能存在有害的微生物，我们称之为食源性病原微生物。食品受到细菌污染或食品加工人员携带(xiédài)的其他微生物的污染，都会引发食物中毒事件。大肠杆菌(dàcháng gǎnjūn)是一种居于大肠内的革兰氏阴性杆菌(gélánshì yīnxìng gǎnjūn)，某些菌株(jūnzhū)能引起人体肠道和泌尿系统(mìniào xìtǒng)感染。沙门氏菌会引起从轻微症状到严重休克(xiūkè)的疾病，

① 巴斯德（1822—1895）：Louis Pasteur，法国著名的微生物学家，发明的巴氏消毒法直到现在仍被应用。

包括腹泻、发热等。金黄色葡萄球菌（pútaoqiújūn）是人类常见的病原体之一，该菌污染的食品多为加工食品，可以引起食物中毒。

课文问答 Questions about the Text

理解课文，回答下面的问题。

（1）巴氏消毒法是如何杀菌保鲜的？

（2）黄曲霉菌广泛地存在于哪些物质中？

（3）文章中提到的三种食源性病原微生物分别是什么？

综合注释 Comprehensive Notes

1. 这种消毒法至今仍用于牛奶的杀菌保鲜。

“用于”，表示用途。例如：

①禽类的内脏及血液也可用于食品加工及生化制药。

②一般用于生产的纤维素酶来自真菌。

③这种药用于治疗感冒。

练习 用“用于”将左右两部分合成一句话。

植物蛋白酶	食品工业
苹果酸口感接近天然苹果的酸味	食品行业

（1）______________________________

（2）______________________________

2. 食物中还可能存在有害的微生物，我们称之为食源性病原微生物。

称之为

形式结构 S + 称 + N_1/之 + 为 + N_2

功能作用 表示称谓或认定意义的兼语句，“称”指称呼，“之”是代词，“称之为”可以看作“称 + N_1 + 为 + N_2”。

常用语境 称呼某类事物或给某类事物命名。例如：

①食物含有毒素而引起的疾病，我们称之为食物中毒。

②容易导致癌症的因素，我们称之为致癌因素。

练习 选词填空。

A. 称之为　　B. 称为

（1）我们把可供人类食用或具有可食性的物质________食物。

（2）某些植物的汁液对微生物具有抑制作用，我们________植物杀菌素。

3. 金黄色葡萄球菌是人类常见的病原体之一，该菌污染的食品多为加工食品，可以引起食物中毒。

“该”是指示代词，指上文说过的人或事物，多用于书面语中。例如：

①使葡萄酒变质的主要是醋酸杆菌，该菌污染葡萄酒时，酒面上会产生一层薄膜。

②乳酸菌是能产生大量乳酸的细菌的统称，该菌在自然界中分布广泛。

练习 根据句意，选择“该”的正确意义。

A. 指示代词，指上文说过的人或事物　　B. 轮到

（1）该我观察细菌形态了。（　　）

（2）我们今天认识了麦芽糖酶，该酶可将麦芽糖水解为葡萄糖。（　　）

课堂活动 Classroom Activities

运用本课所学的词语和语法，以“食物发酵过程中的微生物”为主题，写一篇 100 字左右的作文。

____

____

____

____

____

拓展阅读 Extended Reading

营养美味的发酵乳制品

发酵(fājiào)乳制品是以生牛乳、羊乳或乳粉为原料，通过微生物发酵制成的乳酸类产品，该类乳制品种类很多，有酸牛乳、活性乳、干酪、酸性奶油等，具有营养全面、易消化吸收、风味独特及耐储存等特点。酸乳和奶酪等发酵乳制品使用的菌种包括保加利亚乳杆菌和嗜热链球菌等，它们通过酶解作用将原料乳中的乳糖分解为葡萄糖与半乳糖，再进一步转化为乳酸及其他有机酸，不仅形成特有的酸味口感，还能显著降低乳糖含量，适合乳糖不耐受人群食用。

乳糖不耐受现象源于人体肠道内乳糖酶活性不足，无法有效分解乳品中的乳糖，进而引发腹胀、腹泻等消化道症状。研究表明，人体乳糖酶活性随年龄增长逐渐下降，因此老年群体更容易出现乳糖不耐受问题，导致对鲜奶摄入的排斥。而经过发酵的乳制品中，约 30%—90% 的乳糖已被转化为乳酸，大幅提升了消化耐受性。临床观察证实，乳糖不耐受者用酸奶替代鲜奶后，既能获取优质乳蛋白与钙质，又可避免不良反应。不过需要特别注意的是，市售酸奶普遍存在高糖添加现象，建议优先选择无糖或低糖酸奶以控制糖分摄入。

根据文章内容，回答问题。

1. 什么是发酵乳制品？发酵乳制品有哪些优点？
2. 酸乳和奶酪为什么适合乳糖不耐受人群食用？
3. 为什么许多老年人不愿意喝鲜奶？如何解决这个问题？

03 第3课 食品风味何处来

课文导读 Text Introduction

内容扫描：“民以食为天”，中国的饮食讲究色香味俱全，食品的风味主要依赖视觉（色）、嗅觉（香）、味觉（味）的感受。食品风味不仅决定人们对食品的喜爱程度，而且可以影响食欲，从而影响消化和吸收。

语言点扫描：……对于……至关/非常重要；避免；以……为……；上百/千/万；因……而……；按照；存在于……当中；往往；是……作用的结果。

课文1　秀色可餐

词语学习 Vocabulary 03–01

通用词语 Common Words and Phrases

1	风味	fēngwèi	名	flavor
2	色泽	sèzé	名	color and luster
3	色素	sèsù	名	pigment
4	贮藏	zhùcáng	动	store; store up
5	控制	kòngzhì	动	control
6	染色	rǎnsè	动	dye; stain
7	流失	liúshī	动	leak; lose
8	获得	huòdé	动	obtain; achieve
9	避免	bìmiǎn	动	avoid
10	滥用	lànyòng	动	abuse; misuse
11	天然	tiānrán	形	natural

专业词语 Specialized Vocabulary

1	着色剂	zhuósèjì	名	colorant
2	血红素	xuèhóngsù	名	hemoglobin
3	叶绿素	yèlǜsù	名	chlorophyll
4	类黄酮	lèihuángtóng	名	flavonoid
5	花青素	huāqīngsù	名	anthocyanin
6	类胡萝卜素	lèihúluóbosù	名	carotenoid
7	焦糖色素	jiāotángsèsù	名	caramel pigment
8	红曲色素	hóngqūsèsù	名	Monascus pigment
9	姜黄素	jiānghuángsù	名	curcumin
10	甜菜红素	tiáncàihóngsù	名	betacyanin
11	苋菜红	xiàncàihóng	名	amaranth red
12	胭脂红	yānzhīhóng	名	carminum
13	日落黄	rìluòhuáng	名	sunset yellow
14	柠檬黄	níngménghuáng	名	lemon yellow
15	靛蓝	diànlán	名	indigo blue
16	合成β-胡萝卜素	héchéngβ-húluóbosù	名	synthetic β-carotene

词语练习 Word Exercises

1. 根据词语写拼音。

色泽__________　　避免__________　　叶绿素__________

贮藏__________　　滥用__________　　花青素__________

2. 根据拼音写词语。

sèsù__________　　yānzhīhóng__________　　liúshī__________

bìmiǎn__________　　lèihuángtóng__________　　rǎnsè__________

3. 选择搭配。

A. 流失　　B. 食品　　C. 滥用

贮藏__________　　减少__________　　避免__________

4. 在括号中填入合适的词语。

贮藏　流失　染色　避免　滥用

（1）给食品（　　　）能改善食品的色泽。

（2）贮藏果蔬时，要（　　　）环境温度升高得太快。

（3）食品在加工、（　　　）、运输过程中，有害微生物的生长繁殖会引起食品的腐败变质。

（4）食品杀菌的过程中，营养物质会有一定程度的（　　　）。

（5）在食品加工中，不能（　　　）着色剂。

走进课文 Text 03-02

食品的色泽主要由其所含色素决定，在贮藏(zhùcáng)加工过程中，食品色泽会发生变化，控制食品颜色的变化对于食品加工和贮藏至关重要。食品加工中对色泽的控制通常包括护色和染色。护色要求有效、温和、快速地加工食品，以减少色素的流失。染色是为了获得并保持食品的理想颜色，但从营养和安全角度考虑，染色并无必要，人工着色剂(zhuósèjì)要避免滥(làn)用。

食品中的天然色素主要有：血红素(xuèhóngsù)、叶绿素(yèlǜsù)、类黄酮(lèihuángtóng)、花青素(huāqīngsù)、类胡萝卜素(lèihúluóbosù)等。食品加工中常用的天然食品着色剂有辣椒红、甜菜红、红花黄、玉米黄等；常用的半天然食品着色剂有焦糖色素(jiāotángsèsù)、红曲色素(hóngqūsèsù)、姜黄素(jiānghuángsù)、甜菜红素(tiáncàihóngsù)；常用的人工合成(héchéng)着色剂有苋菜红(xiàncàihóng)、胭脂红(yānzhīhóng)、日落黄(rìluòhuáng)、柠檬黄(níngménghuáng)、靛蓝(diànlán)、合成 β－胡萝卜素等。

三类食品着色剂及举例

食品着色剂分类	着色剂名称
天然食品着色剂	辣椒红、甜菜红、红花黄、玉米黄
半天然食品着色剂	焦糖色素、红曲色素、姜黄素、甜菜红素
人工合成着色剂	苋菜红、胭脂红、日落黄、柠檬黄、靛蓝、合成 β－胡萝卜素

课文问答 Questions about the Text

理解课文，回答下面的问题。

（1）食品加工中对色泽的控制通常包括什么？

（2）从营养和安全角度考虑，食品有必要染色吗？

（3）食品中的天然色素主要有哪几种？

综合注释 Comprehensive Notes

1. 控制食品颜色的变化对于食品加工和贮藏至关重要。

……对于……至关/非常重要

- 形式结构　S + 对于 + NP + 至关/非常重要
- 功能作用　“对于”是介词，引出对象或事件，“……对于……至关/非常重要”表示人、事物、行为之间的关系，强调重要性。
- 常用语境　用于说明某事物对另一事物的重要性。

（1）说明某物或某事对人类文明、人体代谢的重要性。例如：

①食物对于人类文明的进化至关重要。

②人体内蛋白质的合成与分解对于人体的代谢至关重要。

（2）说明某物或某事对食品制作的重要性。例如：

①环境温度对于面包的发酵非常重要。

②烘烤对于面包的制作非常重要。

练习 用“……对于……至关/非常重要”改写句子。

（1）蛋白质原料在酱油色、香、味、体的形成过程中起着非常重要的作用。

____

（2）发酵条件的控制极大地影响了微生物发酵产酶。

____

2. 人工着色剂要避免滥用。

“避免”，表示防止或想办法使某种情形不发生。例如：

①低温贮藏能够避免或延缓果蔬采摘后的生长现象。

②蔬菜保鲜是为了避免腐败变质。

练习 根据提示，用“避免”造句。

低温贮藏　加强卫生管理　食品质量　食品　下降　微生物污染

（1）______________________________

（2）______________________________

汉字学习 Chinese Character Learning

汉字小课堂 Chinese Character Classroom

 **甲骨文：系**　 **小篆：糸**　**绞丝旁：纟**（在左），**糸**（在下）

红

拼　音　hóng

构　造　形声字，形旁是“纟”，表示与丝绸有关，声旁是“工”。本义是浅赤色的帛，后泛指粉红色、桃红色。

合成词　×红，×指某种物品，如：胭脂红、苋菜红、辣椒红、甜菜红。

绿

拼　音　lǜ

构　造　形声字，形旁是“纟”，表示与丝绸有关，声旁是“录”。本义是丝织品呈现介于蓝色和黄色之间的颜色。

合成词　×绿，指绿的种类，如：叶绿、青绿。

素

拼　音　sù

构　造　会意字，《说文解字》：“素，白致缯也。”本义是未染色的丝绸，引申为物体的基本成分。

合成词　元素、因素、色素、维生素、花青素、辣椒素、胡萝卜素。

写汉字 Character Writing

红 红 红 红 红 红 红 红 红 红

绿 绿 绿 绿 绿 绿 绿 绿 绿 绿

素 素 素 素 素 素 素 素 素 素

课文 2　食以味为先

词语学习 Vocabulary 03–03

通用词语 Common Words and Phrases

1	呈	chéng	动	present; exhibit
2	味蕾	wèilěi	名	taste bud
3	分布	fēnbù	动	distribute
4	咸	xián	形	salty
5	酸	suān	形	sour
6	甜	tián	形	sweet
7	苦	kǔ	形	bitter
8	刺激	cìjī	动	stimulate
9	生理	shēnglǐ	名	physiology
10	体液	tǐyè	名	body fluid
11	赋予	fùyǔ	动	give; endow
12	讲究	jiǎngjiu	动/形	pay attention to/particular
13	按照	ànzhào	介	according to

专业词语 Specialized Vocabulary

1	辣椒素	làjiāosù	名	capsaicin
2	黏膜	niánmó	名	mucous membrane
3	调味	tiáowèi	动	season
4	氯化钠	lǜhuànà	名	sodium chloride

5	营养素	yíngyǎngsù	名	nutrient
6	磷酸	línsuān	名	phosphoric acid
7	酒石酸	jiǔshísuān	名	tartaric acid
8	添加剂	tiānjiājì	名	additive
9	谷氨酸	gǔ'ānsuān	名	glutamic acid
10	核苷酸	hégānsuān	名	nucleotide
11	鲜味剂	xiānwèijì	名	flavor enhancer
12	谷氨酸钠	gǔ'ānsuānnà	名	monosodium glutamate
13	5'–肌苷酸二钠	wǔ-jīgānsuān'èrnà	名	disodium 5'-inosinate
14	5'–鸟苷酸二钠	wǔ-niǎogānsuān'èrnà	名	disodium 5'-guanylate

词语练习 Word Exercises

1. 根据词语写拼音。

呈________　分布________　刺激________

咸________　按照________　赋予________

2. 根据拼音写词语。

tián________　wèilěi________　yíngyǎngsù________

suān________　jiǎngjiu________　kǔ________

3. 选择搭配。

A. 酸　B. 甜　C. 辣　D. 咸

南________　北________　东________　西________

4. 在括号中填入合适的词语。

呈　分布　刺激　讲究

（1）脂肪在动物体内（　　　）很广泛。

（2）新鲜的菠菜（　　　）绿色，变质的菠菜会变成黄褐色。

（3）牛奶可以缓解辣味（　　　）口腔引起的痛觉。

（4）许多人吃鱼（　　　）新鲜。

走进课文 Text 03–04

“食以味为先”，味觉是食物中的呈味物质作用于味蕾产生的化学感受，味蕾集中分布在舌头表面，每个味蕾大约有上百个味觉感受细胞。最基本的味觉有四种：咸（xián）、酸（suān）、甜（tián）、苦（kǔ）。而辣味，仅仅是辣椒素（làjiāosù）刺激口腔（kǒuqiāng）黏膜（niánmó）、鼻腔（bíqiāng）黏膜和皮肤引起的痛觉。

咸味在食品调味中占据首位，它的来源是食盐，食盐的主要化学成分是氯化钠（lǜhuànà）（NaCl）。咸味不仅能调节口感，还有生理调节功能。盐分对于人体体液的调节至关重要，是人体不可缺少的营养素。酸味是人类早已适应的化学味感，酸味能够增强食欲。常见的酸味剂（suānwèijì）有柠檬酸（níngméngsuān）、乳酸（rǔsuān）、磷酸（línsuān）、苹果酸、酒石酸等。甜味的强度因糖的品种不同而不同，赋予食品以甜味的食品添加剂称为甜味剂。苦味也是自然界中一种基本的味道，自然界中苦味物质比甜味物质多得多。单纯的苦味多令人不愉快，苦味一般需要与其他味道搭配调和才能食用，苦瓜、茶叶、莲子、咖啡、啤酒等都有苦味。

中国传统饮食讲究随一年四季调和主味，有“春酸、夏苦、秋辛、冬咸”的说法。按照不同地域人们对食物味觉的偏好，又有“南甜、北咸、东辣、西酸”的说法。

鲜味相比于酸、甜、苦等基本味来说，是一种较为复杂的味觉，主要依赖鲜味物质，如谷氨酸（gǔ'ānsuān）型物质、核苷酸（hégānsuān）型鲜味剂等，这些物质广泛地存在于富含蛋白质的食物当中，如鱼虾类、肉类、干酪、食用菌等。常用的鲜味剂有谷氨酸钠、5'–肌苷酸二钠、5'–鸟苷酸二钠等。

课文问答 Questions about the Text

理解课文，回答下面的问题。

（1）辣味是最基本的味觉之一吗？

（2）咸味有什么功能？

（3）中国传统饮食在“味”上有什么讲究？

综合注释 Comprehensive Notes

1. 食以味为先。

以……为……

形式结构　S + 以 + NP + 为 + NP

功能作用　固定格式，“以”和“为”的宾语都是名词性成分。意思是“用（拿）……当作（作为）……”，“以”说明行为的对象，“为”表示行为的目的。多用于书面语中。

常用语境

（1）说明食品及农产品的重要性。例如：

①民以食为天。

②食品工业以农副产品为原料。

（2）说明食品制作的主要环节。例如：

①熏烧烤制品的制作以腌制或熟制为中心。

②腊肉的制作以腌制、酱制为中心。

练习 用“以……为……”改写句子。

（1）微生物发酵是酱油的风味物质形成的关键步骤。

____

（2）食品保藏是这种物理加工技术的核心。

____

2. 味蕾集中分布在舌头表面，每个味蕾大约有上百个味觉感受细胞。

上百/千/万

形式结构　S + V + 上百/千/万 + M

功能作用　“上百/千/万”中的“上”指达到一定数量或程度，“上百/千/万”表示数量达到了一百/一千/一万，强调数量多。

常用语境

（1）强调事物的数量多。例如：

①每个味蕾大约有上百个味觉感受细胞。

②这种纤维膜由上万根纤维组成。

（2）强调技术延续的时间长。例如：

①食品加工和保藏技术的研究延续了上千年。

②土陶的发展史至少延续了上万年。

练习 **用“上百/千/万”造句。**

（1）________________

（2）________________

3. 甜味的强度因糖的品种不同而不同。

因……而……

- 形式结构　S + 因 A 而 B
- 功能作用　固定格式，表示因为某种原因而产生某种状态。
- 常用语境

（1）表达快乐或害怕。例如：

①我经常看到他因一件小事而快乐的场景。

②她胆子很大，不会因一些奇怪的声音而害怕。

（2）用“因……不同而不同”介绍食物中营养素的含量及微生物分布不同的原因。例如：

①鱼肉中的蛋白质含量因种类及年龄的不同而不同。

②食品变质的程度因微生物分布情况的不同而不同。

练习 **根据提示，用“因……而……”写句子。**

（1）氯化钠和氢氧化钠：元素组成不同。

____

（2）酸和甜：作用于味蕾产生的化学感受不同。

____

4. 按照不同地域人们对食物味觉的偏好，又有“南甜、北咸、东辣、西酸”的说法。

按照

- 形式结构　S + 按照 + VP/小句
- 功能作用　“按照”是介词，引出凭借、依据。
- 常用语境　用于引出做某事的依据，比如谈论要求和兴趣的依据。例如：

①希望大家按照老师的要求做。

②请同学们按照兴趣爱好分组。

练习 根据语境和提示，完成句子。

（1）不同风味的香肠______________________________。（按照……方法……）

（2）这些报纸______________________________。（按照……顺序……）

5. 这些物质广泛地存在于富含蛋白质的食物当中，如鱼虾类、肉类、干酪、食用菌等。

存在于……当中

- **形式结构**　S + 存在于 + NP + 当中
- **功能作用**　固定格式，表示事物存在的处所。
- **常用语境**　介绍事物存在的处所，比如介绍食品成分存在的处所。例如：

①氯化钠广泛地存在于食物当中。

②乳酸存在于人体当中。

练习 用“存在于……当中”完成句子。

（1）“春酸、夏苦、秋辛、冬咸”的说法______________________________。

（2）血红蛋白______________________________，起着传递氧气的作用。

课文 3　食里飘香

词语学习 Vocabulary 03–05

通用词语 Common Words and Phrases

1	挥发	huīfā	动	volatilize; evaporate
2	综合	zōnghé	动	synthesize
3	依赖	yīlài	动	depend on
4	检测	jiǎncè	动	detect
5	仪器	yíqì	名	instrument
6	嗅觉	xiùjué	名	sense of smell

专业词语 Specialized Vocabulary

1	酶	méi	名	enzyme
2	香精	xiāngjīng	名	flavoring essence
3	增强剂	zēngqiángjì	名	enhancer; fortifier

词语练习 Word Exercises

1. 根据词语写拼音。

挥发________　　仪器________　　检测________

依赖________　　综合________　　嗅觉________

2. 根据拼音写词语。

zōnghé________　　huīfā________　　xiùjué________

jiǎncè________　　méi________　　xiāngjīng________

3. 在括号中填入合适的词语。

挥发性　综合　依赖　高精度　酶

（1）发酵食品的生产已经从（　　　）自然发酵，逐步发展到自动化控制发酵。

（2）部分（　　　）会使食品的色泽和味道发生变化。

（3）发酵过程中会产生（　　　）物质。

（4）食品加工需要（　　　）考虑各个方面的条件。

（5）在食品加工工业中，（　　　）仪器的使用提高了产品的生产效率。

走进课文 Text 03-06

食品的香味往往是多种呈香的挥发性物质综合作用的结果。食品香味的形成依赖多种呈香物质的相互配合。科技高度发达的今天，虽然有高精度的检测（jiǎncè）仪器（yíqì），但香味的鉴定仍然离不开人的嗅觉。

食品香味的形成主要依赖生物合成（shēngwù héchéng）、酶的直接作用、酶的间接作用、微生物作用及高温（gāowēn）分解（fēnjiě）作用。水果的香味来自生物合成。葱、蒜和卷心菜等的香味来自酶的间接作用。发酵类食品和酒类的香味来自微生物作用于糖类、蛋白质产生的呈香物质。咖啡豆的烘焙是咖啡豆内部成分的转化过程，糖的高温分解作用与焦糖化的程度决定了咖啡的口味与香气。

外在增香也是使食物具有香气的常见手段，如烟熏肉等。食品加工过程中往往可以通过添加食用香精（shíyòng xiāngjīng）或加入香味增强剂（zēngqiángjì）起到增香作用。

课文问答 Questions about the Text

理解课文，回答下面的问题。

（1）食品的香味是什么的结果？

（2）水果和卷心菜的香味分别通过什么形成？

（3）在食品加工过程中怎样增香？

综合注释 Comprehensive Notes

1. 食品的香味往往是多种呈香的挥发性物质综合作用的结果。

“往往”，副词，表示某种情况经常出现或发生。例如：

①温度的波动往往造成贮藏产品表面水分的变化。

②蔬菜采收后及时处理往往可以延长储存的时间。

“往往”是对出现的情况的总结，有一定规律；“常常”也表示经常出现某些情况，“常常”指动作的重复，不一定有规律，可以用于将来的事情。例如：

③在果蔬加工中常常产生褐色或黑色物质。

练习 选词填空。

A. 往往　　B. 常常

（1）航空运输是所有运输方式中速度最快的一种，但是运量小、运价高，______只用于急需物品、珍贵食品、生化制品等的运输。

（2）外在增香剂______用于使食物具有香气。

2. 食品的香味往往是多种呈香的挥发性物质综合作用的结果。

“是……作用的结果”，表示达到最终状态的原因。例如：

①水果的生长成熟是生命活动作用的结果。

②水产品的腐败变质是酶和微生物共同作用的结果。

练习 **将“是……作用的结果”填入下列句子中。**

（1）发酵食品的香味____微生物在发酵过程中产生的挥发性化合物共同________________。

（2）植物的茂盛生长____阳光、水分和肥料共同____________。

课堂活动 Classroom Activities

运用本课词语和语法，介绍一种你喜欢的食物，重点分析这种食物的色泽、香味。

____

____

____

____

____

拓展阅读 Extended Reading

酱油的起源①

酱油起源于中国，历史悠久。早在两千多年前就有制酱的记载了，《论语·乡党》中就有“不得其酱不食”的描述。公元533—544年间，北魏贾思勰(Jiǎ Sīxié)②在《齐民要术》(Qímín Yàoshù)中提到的豆酱清，实为酱油。酱油由酱演变而来，但酱油的酿造纯粹是偶然发现的。酱油起源于中国古代皇帝御(yùyòng)用的调味品，人们在制酱的同时，往往从中取出一部分汁液作为调味品，这种汁液就是具有特殊香气、色红褐、有光泽、味鲜美的酱油。最早的酱油是由鲜肉发酵而成的，因为风味绝佳渐渐流传到民间。后来发现，大豆制成的酱油，风味相似且便宜，才广为流

① 本文节选自《食品文化概论》，李文钊主编，中国轻工业出版社，2020年版。有删改。

② 贾思勰：南北朝北魏农学家，著有农业科学技术巨作《齐民要术》。

传食用。《齐民要术》中所说的豆酱清可能是植物酱油的前身。

中国历史上最早使用“酱油”这一名称的是宋代[1]的《山家清供》。在宋代，酱油已被人们接受，宋朝人将加工酱和豉（chǐ）得到的各种酱汁称为酱油。宋时，“酱油”已多见于文人笔录，如北宋的苏轼（Sū Shì）[2]曾记载了清除墨污的生活经验，他写道：“金笺（jīnjiān）及扇面误字，以酽醋（yàncù）或酱油用新笔蘸（zhàn）洗，或灯心揩（kāi）之，即去。”到清代，酱油的使用远超过酱。

根据文章内容，回答问题。

1. 什么是酱油？酱油起源于什么？
2. 酱油最早是如何制成的？它的味道是怎样的？
3. 宋朝人将加工酱和豉得到的各种酱汁称为什么？这一名称在文人的笔录中有什么样的记载？

① 宋代（Sòngdài）：Song Dynasty，960—1279年。
② 苏轼（1037—1101）：字子瞻，号东坡居士，北宋文学家、书法家，对美食很有研究。

04 第4课
食品工业概貌

课文导读 Text Introduction

内容扫描： 食品工业是指以农副产品为原料，通过物理加工或利用酵母发酵方法制造食品的工业门类。现代社会食品工业有哪些特点？又将面临什么样的挑战？我们一起了解一下吧。

语言点扫描： 以……的方式；……使得……；数以千计；尤其；实际上。

课文　食品工业的发展

词语学习 Vocabulary 04-01

• 通用词语 Common Words and Phrases

1	工业	gōngyè	名	industry
2	原料	yuánliào	名	raw material
3	利用	lìyòng	动	utilize
4	运输	yùnshū	动	transport
5	现代	xiàndài	名/形	modern times/modern
6	规模	guīmó	名	scale
7	罐头	guàntou	名	canned food
8	结构	jiégòu	名	structure
9	饮料	yǐnliào	名	beverage
10	工艺	gōngyì	名	craftsmanship; technique
11	操作	cāozuò	动	operate
12	涵盖	hángài	动	cover

13	数以千计	shù yǐ qiān jì		thousands of
14	拼接	pīnjiē	动	splice; join
15	组合	zǔhé	动	combine
16	粉碎	fěnsuì	动/形	crush/shattered
17	混合	hùnhé	动	mix
18	过滤	guòlǜ	动	filter
19	干燥	gānzào	动	dry
20	严峻	yánjùn	形	severe
21	尤其	yóuqí	副	especially; particularly
22	监管	jiānguǎn	动	regulate; supervise
23	质量	zhìliàng	名	quality
24	标准	biāozhǔn	名/形	standard
25	法规	fǎguī	名	laws and regulations
26	改善	gǎishàn	动	improve

专业词语 Specialized Vocabulary

1	农副产品	nóng-fùchǎnpǐn	名	agricultural and sideline products
2	物理	wùlǐ	名	physics
3	门类	ménlèi	名	category; field
4	工业化	gōngyèhuà	动	industrialize
5	罐藏法	guàncángfǎ	名	canning method
6	储藏	chǔcáng	动	store; store up
7	流体	liútǐ	名	fluid
8	沉降	chénjiàng	动	settle
9	蒸发	zhēngfā	动	evaporate
10	制冷	zhìlěng	动	refrigerate
11	萃取	cuìqǔ	动	extract
12	膜分离	mó fēnlí		membrane separation
13	防腐剂	fángfǔjì	名	preservative

词语练习 Word Exercises

1. 根据词语写拼音。

蒸发__________ 防腐剂__________ 粉碎__________

利用__________ 工业化__________ 过滤__________

标准__________ 罐藏法__________ 农副产品__________

2. 根据拼音写词语。

yuánliào__________ gōngyè__________ yóuqí__________

cāozuò__________ liútǐ__________ cuìqǔ__________

3. 选择搭配。

A. 挑战 B. 工艺 C. 结构 D. 监管

食品__________ 面临__________ 加强__________ 饮食__________

4. 在括号中填入合适的词语。

利用 储藏 运输 操作 涵盖 组合 蒸发 干燥

（1）罐头食品在放进罐头之前，要进行杀菌（　　　）

（2）巴氏消毒法有利于牛奶长时间储藏、（　　　）和销售。

（3）发酵是（　　　）有益微生物的分解作用进行的。

（4）果蔬常常用低温（　　　）的方法保鲜。

（5）（　　　）能够除去食品中一定量的水分，使食品储藏时间更长。

（6）果蔬在贮藏时，会因为水分（　　　）而导致品质降低。

（7）中国发布的 1610 项食品安全国家标准（　　　）了 340 余种食品类别。

（8）使用巴氏杀菌法时，不同的温度、时间（　　　），可以达到同样的杀菌效果。

走进课文 Text 04–02

食品工业[①]指以农副产品为原料，通过物理加工或利用微生物发酵方法制造食品的工业门类。

在工业化之前，食品加工一直以家庭和手工的方式进行。两百多年

① 工业：industry。× 业：制造业、肉类加工业、糖果制造业、制糖业。

前，尼古拉·阿佩尔[1]发明了罐藏法(guàncángfǎ)，使得食品能够长时间储藏(chǔcáng)和长距离运输。现代社会，人们需要大量储藏和运输食品，食品工业取得较快发展。食品工业能够让人们大规模、重复性地生产大量食品，如罐头食品、快餐食品、方便食品、耐储存食品等。罐头食品和方便食品都是食品工业化之前没有的品类，食品工业极大地丰富了人们的饮食结构。食品工业的主要产品包含日常生活中的各种食品和饮料，如面包、饼干、糖果、巧克力、果汁、肉制品、水产品[2]等。

食品工业生产有独特的加工工艺，每种工艺都有一些基本的单元操作，这些单元操作可以涵盖(hángài)数以千计的具体食品加工工艺。各类食品工业生产过程主要是单元操作的拼接和组合。这些基本的单元操作有：流体(liútǐ)流动(liúdòng)、流体输送(shūsòng)、粉碎(fěnsuì)和混合(hùnhé)、沉降(chénjiàng)和过滤(guòlǜ)、传热(chuánrè)、蒸发(zhēngfā)、制冷(zhìlěng)、干燥(gānzào)、传质(chuánzhì)、蒸馏(zhēngliú)、萃取(cuìqǔ)和膜(mó)分离(fēnlí)等。

食品工业的发展也面临着严峻的挑战和问题，主要是食品安全问题，尤其是细菌等微生物引起的生物污染和滥用防腐剂(fángfǔjì)等食品添加剂(tiānjiājì)导致的化学污染问题。食品工业生产需要加强对食品安全的监管，确保食品的质量和安全。各国都有针对自己国家的食品安全标准和法规。实际上，许多食品添加剂能大大改善食品的品质，只要按照标准添加，不超量、超范围使用，就对人体无害。

课文问答 Questions about the Text

理解课文，回答下面的问题。

（1）罐藏法的优点是什么？

（2）食品工业的发展面临的主要挑战和问题是什么？如何解决？

---

① 尼古拉·阿佩尔（1749—1841）：气密式食物保存法发明人。

② 水产品：aquatic product，海洋和淡水渔业生产的水产动植物产品及其加工产品的总称。× 品：产品、物品、食品、商品、精品。

综合注释 Comprehensive Notes

1. 在工业化之前，食品加工一直以家庭和手工的方式进行。

"以……的方式"，表示用某种方法或形式进行。例如：

①工业废水的处理常以蒸发的方式进行。

②罐头一般以排出氧气或充入氮气的方式抑制微生物生长。

练习 根据语境和提示，用"以……的方式"完成句子。

（1）工厂________________保证肉的质量。（保鲜冷藏）

（2）实验器械都应该________________消毒和灭菌。（适当）

2. 两百多年前，尼古拉·阿佩尔发明了罐藏法，使得食品能够长时间储藏和长距离运输。

……使得……

- 形式结构 N_1 + 使得 + N_2 + Adj/V
- 功能作用 表示某事物引起了某种结果。
- 常用语境 表达某事物是造成某种结果的原因或条件。例如：

①各类食品的出现，使得人们的饮食结构越来越丰富。

②细胞内外压力差的存在，使得细胞内外的水分不断转移，直到压力达到平衡。

练习 连线，并用"……使得……"完成句子。

制冷机出现问题	食物产生的香味物质在食品中得以保留
食物在高温下仍可保持一定的水分	室内温度越来越高

（1）________________

（2）________________

3. 每种工艺都有一些基本的单元操作，这些单元操作可以涵盖数以千计的具体食品加工工艺。

"数以千计"，以"千"来计算，表示极多的。类似表达还有"数以百计""数以万计""数以百万计"等。例如：

①数以千计的工人在工厂里制作罐头。

②这家制冰工厂每天都制作数以千计的一次性冰杯。

练习 根据语境和提示，完成句子。

（1）为了更加了解添加剂的作用，研究人员研究了________________。（数以千计）

（2）每台机器每天能够生产________________。（数以千计　产品）

4. **食品工业的发展也面临着严峻的挑战和问题，主要是食品安全问题，尤其是细菌等微生物引起的生物污染和滥用防腐剂等食品添加剂导致的化学污染问题。**

"尤其"，程度副词，表示在相互比较时特别突出，后面加动词或形容词。例如：

①生鲜、肉类尤其需要冷冻保鲜，防止细菌滋生和变质。

②粥类药膳尤其适合病后或产后脾胃虚弱的人。

"尤其"后也可以加"是"，表示同类事物中需要强调的部分，后面加名词。例如：

③大部分食品来源于自然界，尤其是生鲜食品。

④鸡蛋含有丰富的矿物质，尤其是铁。

练习 **选词填空。**

A. 尤其　　B. 尤其是

（1）乳制品深受人们欢迎，__________奶疙瘩，具有"乳品黄金"之称。

（2）新疆、西藏等地的人们__________喜欢乳制品。

5. **实际上，许多食品添加剂能大大改善食品的品质，只要按照标准添加，不超量、超范围使用，就对人体无害。**

"实际上"，意思是"其实"，表示所说的情况是真实的，也有转折的意思。例如：

①实际上，罐藏法出现之后，食品才能够长时间储藏和长距离运输。

②环境实际上是食品储藏过程中的重要影响因素。

练习 **根据语境，用"实际上"完成句子。**

（1）________________________，肉类的腐败是微生物造成的。

（2）罐头食品和方便食品________________________。

课堂活动 Classroom Activities

看图说话：根据图片，说一说进入食品工厂需要采取哪些防护措施。

图 4-1　某食品工厂防护措施图

汉字学习 Chinese Character Learning

汉字小课堂 Chinese Character Classroom

甲骨文：西（像酒瓶之形）

甲骨文：酒（像酒瓶与酒液）

醇

拼　音　chún

构　造　形声字，左边形旁“西”代表与酒有关，右边“享”是声旁。《说文解字》：“醇，不浇酒也。”本义为酒质浓厚。

合成词　醇 ×，构成联合结构的形容词，如：醇正、醇厚、醇美、醇香。

酥

拼　音　sū

构　造　会意字。酥，指煎牛羊奶酪时，浮在上面的油，形似浊酒，故从“西”，后引申为含油多而松脆的食品。

合成词　× 酥，指酥饼的种类，如：桃酥、油酥、杏仁酥。

酥 ×，指具有酥软性质的食物，如：酥油、酥糖、酥饼。

酶

拼　音　méi

构　造　形声字，左边形旁“西”代表与酒有关，右边“每”是声旁。《康熙字典》：“酶者，酒母也。”酶最初指酵母，后来引申为各种生物催化剂的统称，因有催化和媒介作用，常与“媒”通用。

合成词　× 酶，× 指酶的种类，如：蛋白酶、水解酶、乳糖酶。

酱

拼　音　jiàng

构　造　形声字，形旁“酉”代表与酒有关，声旁是“爿”。本义是加酒腌制的肉酱，后来指小麦、大豆发酵后制成的调味品。

合成词　酱 ×，指酱制的某种食品，如：酱油、酱肉、酱菜。

写汉字 Character Writing

醇 醇 醇 醇 醇 醇 醇 醇 醇 醇

酥 酥 酥 酥 酥 酥 酥 酥 酥 酥

酶 酶 酶 酶 酶 酶 酶 酶 酶 酶

酱 酱 酱 酱 酱 酱 酱 酱 酱 酱

拓展阅读 Extended Reading

天津的百年老店

天津大直沽酿酒史册中，义聚永（Yìjùyǒng）酒坊堪称（kānchēng）传奇。其根基可追溯至清光绪①初年，创始人刘鑫（Liú Xīn）（字荣斋）以匠心革新技艺，精酿的玫瑰露酒、五加皮酒、高粱酒因馥郁（fùyù）醇厚（chúnhòu）、风味卓绝（zhuójué）而驰名南北。经刘氏家族数代传承，义聚永酒坊所产酒品获“中国白兰地”雅誉，成为近代北方酒业标杆。

再观津门糕点江湖，祥德斋（Xiángdézhāi）②的崛起颇具草根逆袭（nìxí）色彩。晚清时，家住老城北门里的陈氏靠一个小小的元宵摊谋生，因真材实料、馅儿足味正渐积口碑。至咸丰③五年（1855 年），陈氏创立糕点铺，题匾“祥德斋”。祥德斋点心以选

① 光绪：清朝皇帝爱新觉罗·载湉在位期间使用的年号。

② 祥德斋：天津著名糕点店，中华老字号品牌。

③ 咸丰：清朝皇帝爱新觉罗·奕詝在位期间使用的年号。

料严苛、工艺精微、风味独树一帜(dúshù-yízhì)迅速名噪(míng zào)津沽(jīngū)，百年老字号的根基由此奠定。

津派糕点的另一瑰宝当推桂顺斋(Guìshùnzhāi)[1]。1924年，北京大顺斋名师刘星泉于天津南市创建了清真糕点铺“桂顺斋”。20世纪30年代初，该店重金延聘清宫御膳房糕点传人，融合京派技法精制京八件、萨其马、蜜麻花、蜜供、麻团酥等名点，以“酥(sū)、香、松、绵(mián)、软(ruǎn)、亮、甜”七绝风味傲立食林，成就“南有冠生园(Guànshēngyuán)[2]，北有桂顺斋”的传奇。

根据文章内容，回答问题。

1. 义聚永酒坊有哪些知名产品?
2. 祥德斋糕点为何能够出名?
3. 桂顺斋的糕点在风味上有什么特点?

---

① 桂顺斋：天津著名糕点店，老字号清真糕点店。
② 冠生园：成立于1915年的中华老字号食品企业，总部位于上海。

第二单元

食品工程技术

05 第 5 课 多样化的食品工业操作技术

课文导读 Text Introduction

内容扫描： 各种现代食品的工业生产都有独特的加工工艺。每一种加工工艺都会有一系列的步骤。本课介绍并比较两种食品的加工工艺（甜菜制糖和大豆萃取法制油），让我们一起领略食品加工的程序美。

语言点扫描： 一系列；需要经过……步骤；即。

课文 多样化的食品工业操作技术

词语学习 Vocabulary 05-01

通用词语 Common Words and Phrases

1	技术	jìshù	名	technique
2	一系列	yíxìliè	形	a series of
3	步骤	bùzhòu	名	step; procedure
4	清洗	qīngxǐ	动	wash; clean
5	分离	fēnlí	动	separate
6	杂质	zázhì	名	impurity
7	浓缩	nóngsuō	动	concentrate; condense
8	结晶	jiéjīng	动/名	crystallize/crystal
9	筛选	shāixuǎn	动	screen
10	即	jí	副	that is; namely
11	加热	jiārè	动	heat up

专业词语 Specialized Vocabulary

1	甜菜	tiáncài	名	sugar beet
2	制糖	zhìtáng	动	produce sugar
3	切丝	qiēsī	动	slice into strips
4	浸取	jìnqǔ	动	lixiviate
5	溶液	róngyè	名	solution
6	糖制品	tángzhìpǐn	名	sugar products
7	去皮	qùpí	动	remove the peel
8	压片	yāpiàn	动	press into tablets
9	正己烷	zhèngjǐwán	名	hexane
10	溶剂	róngjì	名	solvent

词语练习 Word Exercises

1. 根据词语写拼音。

杂质__________　　一系列__________　　步骤__________

浓缩__________　　糖制品__________　　溶液__________

筛选__________　　浸取__________　　去皮__________

2. 根据拼音写词语。

jìshù__________　　fēnlí__________　　zhìtáng__________

qīngxǐ__________　　zhēngfā__________　　zázhì__________

3. 选择搭配。

A. 制糖　　B. 杂质　　C. 工艺

分离__________　　甜菜__________　　加工__________

4. 在括号中填入合适的词语。

步骤　浸取　结晶　筛选　粉碎

（1）冰激凌冷冻时，其中的乳糖会因为浓度太高而（　　　　）。

（2）粉碎机能将食品原料进一步（　　　　），使干燥效果更好。

（3）人体内的蛋白质会消化分解成氨基酸，这是人体吸收蛋白质必需的（　　　　）。

（4）物理浸取是用水、醇或其他有机溶剂将一些物质（　　　　）出来。

（5）大豆萃取法制油首先要（　　　　）出品质合格的大豆。

走进课文 Text 05-02

各种现代食品的工业生产都有独特的加工工艺。每一种加工工艺都会有一系列的步骤。例如甜菜(tiáncài)制糖(zhìtáng)，需要经过清洗、切丝、水浸取(jìnqǔ)糖溶液(tángróngyè)、分离(fēnlí)杂质(zázhì)、蒸发浓缩(nóngsuō)、结晶(jiéjīng)、干燥等步骤获得糖制品。大豆萃取法(cuìqǔfǎ)制油(zhìyóu)，需要经过筛选(shāixuǎn)、粉碎(fěnsuì)、去皮、压片、正己烷(zhèngjǐwán)浸取、蒸发等步骤获得豆油产品。

虽然二者的加工工艺有较多差异，但都有浸取和蒸发这两个常见的食品加工步骤。甜菜制糖需要使用一定温度的水溶液浸甜菜丝萃取糖溶液，大豆制油要用正己烷浸豆片，这种用溶剂把固体中的成分萃取出来的方法即为浸取。制糖结晶前的糖溶液浓缩和制油中浸取液脱除正己烷需要加热将溶剂蒸发出来，蒸发是通过供热使溶液中易挥发的溶剂汽化分出的一种食品加工方法。

课文问答 Questions about the Text

理解课文，回答下面的问题。

（1）甜菜制糖的步骤有哪些？

（2）甜菜制糖和大豆萃取法制油的加工工艺相同吗？

（3）什么是蒸发？

综合注释 Comprehensive Notes

1. 每一种加工工艺都会有一系列的步骤。

“一系列”，表示许许多多相互有联系的（环节或事物）。例如：

①食物变质后会发生一系列变化，其外表也会有明显改变。

②食品加工技术的应用必须先经过一系列的实验。

练习 下列句子中，“一系列”放在哪个位置合适？请填入括号中。

（1）微生物 A 代谢过程中 B 会产生 C 生物化学 D 反应。（　　　）

（2）A 适当浓度的盐溶液 B 是维持 C 微生物 D 生长和进行发酵的基础条件之一。（　　　）

2. 甜菜制糖，需要经过清洗、切丝、水浸取糖溶液、分离杂质、蒸发浓缩、结晶、干燥等步骤获得糖制品。

“需要经过……步骤”，说明事情进行的过程或程序。例如：

①食物储藏前需要经过一系列步骤。

②甜菜制糖至少需要经过七个步骤。

练习 根据提示，完成句子。

（1）大豆萃取法制油至少需要＿＿＿＿＿＿＿＿＿＿＿＿＿＿＿＿。（六个步骤）

（2）结晶的过程：预处理、加热、冷却、沉淀、去杂质、烘干。（用“需要经过……步骤”改写句子）

＿＿＿＿＿＿＿＿＿＿＿＿＿＿＿＿＿＿＿＿＿＿＿＿＿＿＿＿＿＿

3. 用溶剂把固体中的成分萃取出来的方法即为浸取。

“即”，副词，表示判断，意思是“是、就是”。例如：

①鸡蛋由三个主要部分构成，即蛋壳、蛋白和蛋黄。

②在制糖过程中，制品经干燥处理即为食品糖。

练习 用“即”改写下面的句子。

例如：蒸发是通过供热使溶液中易挥发的溶剂汽化分出的一种食品加工方法。

通过供热使溶液中易挥发的溶剂汽化分出的食品加工方法即为蒸发。

（1）冰盐混合物是将冰与盐均匀混合形成的。

＿＿＿＿＿＿＿＿＿＿＿＿＿＿＿＿＿＿＿＿＿＿＿＿＿＿＿＿＿＿

（2）全麦面包是用未精制全麦粉制作的面包，富含膳食纤维。

＿＿＿＿＿＿＿＿＿＿＿＿＿＿＿＿＿＿＿＿＿＿＿＿＿＿＿＿＿＿

汉字学习 Chinese Character Learning

汉字小课堂 Chinese Character Classroom

甲骨文：水（像流水之形）

小篆：河（形声字，从水可声）

浸

拼　音　jìn

构　造　形声字，左边形旁“氵”代表与水有关，右边“㓦”是声旁。“浸”是古水名，有浸泡、渗透等意思。

合成词　浸取、浸泡、温浸。

浓

拼　音　nóng

构　造　形声字，左边形旁“氵”代表与水有关，右边“农”是声旁，可表示农作物上有很多露水。《说文解字》：“浓，露多也。”本义是露水多，后引申为液体或气体里某种成分的含量高。

合成词　浓缩、浓度、浓厚。

溶

拼　音　róng

构　造　形声字，左边形旁“氵”代表与水有关，右边“容”是声旁，同时“容”也有容纳义。《说文解字》：“溶，水盛也。”本义是水流大，引申为物质在液体中溶解化开。

合成词　溶 ×，× 指用于溶解的物质，如：溶液、溶剂。

液

拼　音　yè

构　造　形声字，左边形旁“氵”代表与水有关，右边“夜”是声旁。本义为汁，流质。

合成词　× 液，指某种液体，如：血液、溶液、黏液、糖液、汁液、调味液。

写汉字 Character Writing

浸 浸 浸 浸 浸 浸 浸 浸 浸 浸

浓 浓 浓 浓 浓 浓 浓 浓 浓 浓

溶 溶 溶 溶 溶 溶 溶 溶 溶 溶

液 液 液 液 液 液 液 液 液 液

拓展阅读 Extended Reading

挂　霜①

挂霜，是指加工的原料经油炸后，放入经水熬成的糖浆中，离火拌匀，并使糖液再度(zàidù)结晶，菜肴表面凝成(níngchéng)一层洁白糖霜(tángshuāng)的烹调方法。挂霜的菜肴具有洁白如雪、香甜松软的特点。挂霜的菜肴在 20 世纪 80 年代末 90 年代初比较流行。在中餐烹饪中，挂霜的方法虽然应用较少，但因方法特殊，且有较强的技术性，因此被各地中餐厨师所接受和认可。适合挂霜的原料一般是硬果类，比如腰果、杏仁、花生米等。原料在挂霜前都需炸制，如用腰果、花生米等原料，经加工后可直接炸制；如用苹果、香蕉等原料，一般要切成块或条，然后用鸡蛋清、湿淀粉等调匀，放清油中炸熟至脆，再进行挂霜。

挂霜技术的关键是糖浆(tángjiāng)的熬制(áozhì)。挂霜的菜肴必然使糖浆出现“翻砂(fānshā)”的现象，白糖的“翻砂”，就是使糖浆在原料的表面再度结晶的过程。糖浆能否再度结晶，主要取决于锅下火力的温度和锅中糖水化合的浓度。在白糖和水化合的过程中，水分逐渐减少，糖液浓度增加，而锅下的火力温度又不能使糖液继续溶化时，就会产生糖体结晶（即“翻砂”）现象。

根据文章内容，回答问题。

1. 什么是“挂霜”？
2. 挂霜的关键是什么？
3. 什么是“翻砂”现象？

① 本文节选自《食品文化概论》，李文钊主编，中国轻工业出版社，2020 年版。有删改。

06 第6课 食品工业加工原理解读

课文导读 Text Introduction

内 容 扫 描： 一般来说，食品工程原理以动量传递、热量传递和质量传递三大传递原理为理论基础。理解食品加工原理对掌握食品加工的各种操作技术至关重要。

语言点扫描： 一般来说；拿……来说；以下；以上；可见。

课文　食品工业加工原理解读

词语学习 Vocabulary 06-01

通用词语 Common Words and Phrases

1	原理	yuánlǐ	名	principle
2	工程	gōngchéng	名	engineering
3	传递	chuándì	动	transfer
4	热量	rèliàng	名	heat
5	理论	lǐlùn	名	theory
6	基础	jīchǔ	名	basis
7	纯净	chúnjìng	形	pure
8	可见	kějiàn	连	as one can see; it is obvious that

专业词语 Specialized Vocabulary

1	冷却	lěngquè	动	cool down
2	析出	xīchū	动	precipitate

词语练习 Word Exercises

1. 根据词语写拼音。

理论________　　冷却________　　传递________

基础________　　析出________　　热量________

2. 根据拼音写词语。

kějiàn________　　rèliàng________　　xīchū________

lěngquè________　　chuándì________　　lǐlùn________

3. 选择搭配。

A. 蒸发　　B. 热量　　C. 结晶　　D. 果汁

传递________　　溶液________　　制取________　　析出________

4. 在括号中填入合适的词语。

热量传递　冷却　析出　可见

（1）（　　　　）是蒸发过程的理论基础。

（2）在一定条件下，溶液浓度增加到一定程度后就开始有结晶（　　　　）。

（3）（　　　　），温度升高时微生物会大量生长繁殖。

（4）在巴氏杀菌过程中，牛奶经过高温短时处理后必须立即进行快速（　　　　）。

走进课文 Text 06-02

一般来说，食品工程以动量传递、热量传递和质量传递三大传递原理为理论基础。掌握现代食品工程技术，创造性地设计各种食品加工工艺，必须学好三大传递过程原理。拿热量传递来说，热量传递指热量由一处传到另一处的过程，包括加热、冷却(lěngquè)、蒸发、干燥、蒸馏(zhēngliú)等食品工业中常见的单元操作。

蒸发是典型的传热过程，指用加入热能的方式使溶剂(róngjì)汽化，与非挥发性的溶质分离。食品工业中的蒸发主要有以下几种作用：一是制取果汁、牛乳等浓溶液产品；二是使溶液蒸发，使溶质结晶析出(xīchū)，比如甜菜制糖的过程；三是制取纯净溶剂，比如海水蒸发制取淡水。

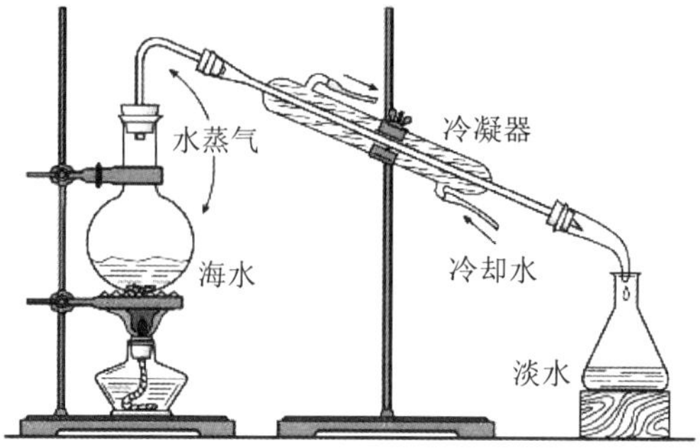

图 6-1　海水蒸发简易实验装置图

以上说的果汁制取、甜菜制糖、淡水制取以及第五课提到的大豆制油等，蒸发所需的温度和溶质成分都不同，但其操作原理和规律是相通的，都是以热量传递为理论基础的。可见，理解食品加工原理对掌握食品加工的各种操作技术至关重要。

● 课文问答 Questions about the Text

理解课文，回答下面的问题。

（1）食品工程的理论基础是什么？

（2）食品工业中的蒸发有什么作用？

（3）不同食品加工工艺的蒸发所需要的条件一样吗？

● 综合注释 Comprehensive Notes

1. 一般来说，食品工程以动量传递、热量传递和质量传递三大传递原理为理论基础。

"一般来说"，即按一般情况来说，概括地表示对某种情况的推测和估计。例如：

①一般来说，能将微生物杀死的条件都可以使酶失活。

②一般来说，番茄、香蕉等只有在 10 ℃以上的温度中贮藏，才能保持良好的品质。

练习 用"一般来说"写两个句子。

（1）一般来说，＿＿＿＿＿＿＿＿＿＿＿＿＿＿＿＿＿＿＿＿。

（2）一般来说，＿＿＿＿＿＿＿＿＿＿＿＿＿＿＿＿＿＿＿＿。

2. 拿热量传递来说，热量传递指热量由一处传到另一处的过程。

"拿……来说"，表示从某个方面提出话题。用于口语举例，"来说"后要加具体的例子。"说"可以换成"讲、看"等。例如：

①拿蒸发来说，蒸发是典型的传热过程。

②拿微生物来说，温度直接影响微生物的生长和酶的合成。

练习 根据语境，完成句子。

（1）拿____________________来说，制取淡水就是制取纯净溶剂的过程。

（2）拿这件事来说，______________________________。

3. 食品工业中的蒸发主要有以下几种作用。

"以下"，用于提示下文，指下面的话。例如：

①在食品加工中引起食品变质的原因主要有以下四个方面。

②人们一般采用以下方法来判断蔬菜的品质。

"以下"也可以表示低于某一点。例如：

③将食品储藏温度维持在 −18 ℃以下，可以阻止大多数微生物的生长。

④食品的温度可以迅速降低到微生物的最低生长温度以下。

练习 根据语境，选择"以下"的用法。

A. 提示下文　　B. 表示低于某一点

（1）食品包装传递热量的方式有以下几种。________

（2）一般来说，引起食物中毒的菌种在 10℃以下繁殖缓慢。________

4. 以上说的果汁制取、甜菜制糖、淡水制取以及第五课提到的大豆制油等，蒸发所需的温度和溶质成分都不同。

"以上"，指前面的（话），表示总体概括前面的内容，用在句首。例如：

①以上两种操作都发生了热量传递。

②以上实例都表明食品的酸度越高，pH 值越低。

"以上"也可以放在数量词后面，表示高于或多于某个数量。例如：

③大多数酶在 70 ℃以上的环境中会失去活性。

练习 根据语境，选择"以上"的用法。

A. 指前面的（话）　　B. 表示高于或多于某个数量

（1）以上各种物质都是在蒸发过程中析出的。________

（2）一部分食品的保质期可达一年以上。＿＿＿＿＿＿

5. 可见，理解食品加工原理对掌握食品加工的各种操作技术至关重要。

"可见"，连词，表示可以接着前文，做出判断或结论。例如：

①可见，这些措施延缓了果蔬的腐败变质。

②可见，各种单元操作都与热量传递密切相关。

练习 根据语境和提示，完成句子。

（1）可见，各种肉类的＿＿＿＿＿＿＿＿＿＿＿＿＿＿＿＿＿＿＿＿＿＿＿＿。（差别不大）

（2）可见，三大传递原理＿＿＿＿＿＿＿＿＿＿＿＿＿＿＿＿＿＿＿＿＿＿＿。（食品加工）

汉字学习 Chinese Character Learning

汉字小课堂 Chinese Character Classroom

甲骨文：火（像燃烧的火焰，作为部件在下方写作"灬"）

热

拼　音　rè

构　造　形声字，下面形旁"灬"代表与火有关，上面"执"是声旁。《说文解字》："热，温也。"热，指给食物加热。

合成词　加热、传热、发热。

蒸

拼　音　zhēng

构　造　形声字，从"艹"，烝声。本义是去皮的麻秸，又可指水汽上升。

合成词　蒸 ×，指蒸制的食品或蒸煮产生的气体等，如：蒸饺、蒸馍、蒸汽。

煮

拼　音　zhǔ

构　造　形声字，下面形旁"灬"代表与火有关，上面"者"是声旁。煮，指把食物放在有水的容器中烧制。

合成词　煮汤、煎煮。

烹

拼　音　pēng

构　造　形声字，下面形旁"灬"代表与火有关，上面"亨"是声旁。本义是把煮熟了的食物献给鬼神，后来表示用火将食物煮熟。

合成词　烹饪、烹调、烹煮、烹制。

熏

拼　音　xūn

构　造　会意字。《说文解字》："熏，火烟上出也。从屮（chè）从黑。屮黑，熏黑也。"本义是火烟向上冒出熏黑物体。

合成词　熏制、熏鱼、熏鸡。

写汉字 Character Writing

热热热热热热热热热热

蒸蒸蒸蒸蒸蒸蒸蒸蒸蒸

煮煮煮煮煮煮煮煮煮煮

烹烹烹烹烹烹烹烹烹烹

熏熏熏熏熏熏熏熏熏熏

拓展阅读 Extended Reading

火与熟制①

肉的熟制需要热量，可分为直接加热和间接加热两种方式。古时的食物熟制主要有两种方式：烤和煮。"炉子"可以说是最古老的烤制工具。另外，实质意义上的"煮"也出现得很早，早期人类可能用贝壳作为煮制食物的工具。

① 本文节选自《食品文化概论》，李文钊主编，中国轻工业出版社，2020 年版。有删改。

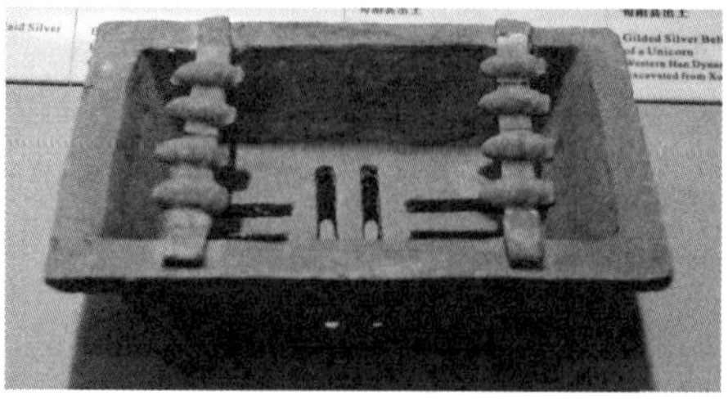

图 6-2　较早的陶烤炉

据记载，燧人氏(Suìrénshì)就开始钻木取火(zuānmù qǔhuǒ)，食用熟食了。当时的烹饪方法主要有四种：炮(páo)、燔(fán)、烹(pēng)、炙(zhì)。如今，除了火之外，还有蒸汽、电热、电磁、微波等食物熟制方式，这些熟制方式的主要作用有：（1）将制品烧熟；（2）给制品着色；（3）杀菌灭菌；（4）使制品脱水；（5）赋予制品风味和质地。随着食物熟制方法的多样化，不同种类的肉制品相应涌现，人类饮食也更加丰富多彩。

根据文章内容，回答问题。

1. 人类早期用什么工具来烤制食物？
2. 燧人氏时期的烹饪方法有哪几种？
3. 除了用火之外，人们还发展了哪些食物熟制方式？

07 第7课 多样化的食品加工工艺

课文导读 Text Introduction

内容扫描：食品加工就是通过某些加工程序将原粮或其他原料制作成可直接食用的食品的过程。我们食用的面食（如面包、馒头等）、肉制品和奶制品等是如何加工出来的呢？这一课我们一起学习面包、馒头、肉制品、乳制品的加工工艺，感受食品操作技术的创造之美。

语言点扫描：首先……，然后/接着……，（之后）……；“将/把”字句（二）；达到……效果；与……类似；V至；V成；下面……；具有……特点；备受……喜爱；至于；随着……；呈……状/色；则；颇具……。

课文1 面包加工工艺

词语学习 Vocabulary 07–01

通用词语 Common Words and Phrases

1	乳制品	rǔzhìpǐn	名	dairy products
2	制成	zhìchéng	动	make into
3	成形	chéngxíng	动	mold; shape up
4	适度	shìdù	形	moderate
5	搅拌	jiǎobàn	动	stir
6	均匀	jūnyún	形	even
7	二氧化碳	èryǎnghuàtàn	名	carbon dioxide
8	膨胀	péngzhàng	动	expand; swell
9	主食	zhǔshí	名	staple food
10	并且	bìngqiě	连	and; furthermore

专业词语 Specialized Vocabulary

1	油脂	yóuzhī	名	oil; fat
2	酶制剂	méizhìjì	名	enzyme preparation
3	辅料	fǔliào	名	auxiliary material
4	调制	tiáozhì	动	mix; prepare
5	醒发	xǐngfā	动	ferment
6	烘烤	hōngkǎo	动	bake
7	配料	pèiliào	名	ingredient
8	伸展	shēnzhǎn	动	stretch
9	松软	sōngruǎn	形	soft and fluffy

词语练习 Word Exercises

1. 根据词语写拼音。

油脂__________　　烘烤__________　　搅拌__________

辅料__________　　二氧化碳__________　　成形__________

调制__________　　乳制品__________　　均匀__________

2. 根据拼音写词语。

bìngqiě__________　　tiáozhì__________　　rǔzhìpǐn__________

yóuzhī__________　　xǐngfā__________　　èryǎnghuàtàn__________

3. 在括号中填入合适的词语。

调制　搅拌　成形　醒发　烘烤　膨胀　伸展　并且

（1）在进行食品贮藏时，降低温度能够使食品中可能发生的化学反应的速度变慢，（　　　）能够抑制微生物的生长繁殖。

（2）面包加工的过程主要包括调制、发酵、（　　　）、（　　　）和（　　　）。

（3）面包加工时，首先要将小麦粉、酵母和其他配料一起加水（　　　），调制成面团。

（4）发酵是为了产生香味，并产生二氧化碳使面团（　　　）。

（5）柔软的面团更易于（　　　）和成形。

（6）面团（　　　）会影响面包的形状。

走进课文 Text 07-02

面包以小麦粉、酵母、食盐、水为主要原料，加入油脂、糖、乳制品、蛋品、酶制剂等辅料，经过多种加工工艺制成。面包加工的主要过程包括：调制、发酵、成形、醒发、烘烤。

1. 调制：首先，在面粉中加入水和其他配料，然后适度搅拌，使得面粉、水和其他配料均匀混合，形成包裹气体的弹性面团。

2. 发酵：将调制好的面团放置在合适的环境中，利用酵母活动产生的二氧化碳，使得面团膨胀，带来浓郁的发酵香味。发酵使得面团更柔软、更易于伸展和成形。

3. 成形：将发酵好的面团按要求分割，并制作成一定形状的面包坯，然后将面包坯装入烤盘或模具中。面包成形包括手工和机械两种方式。对于形状简单、产量大的主食面包来说，一般采用机械方式成形。

4. 醒发：临烤前的面包坯发酵过程称为“醒发”。面包经过醒发，才能达到松软多孔的效果。

5. 烘烤：俗话说“三分做，七分烤”，烘烤对于制作面包非常重要。烘烤使得面团变得松软并熟化，形成金黄色至棕黄色的色泽，并且产生发酵面食特有的香味。烘烤成熟前或成熟之后，可以在面包坯表面或内部添加奶油、人造黄油、蛋白、可可、果酱等制品，为面包增加营养和风味。

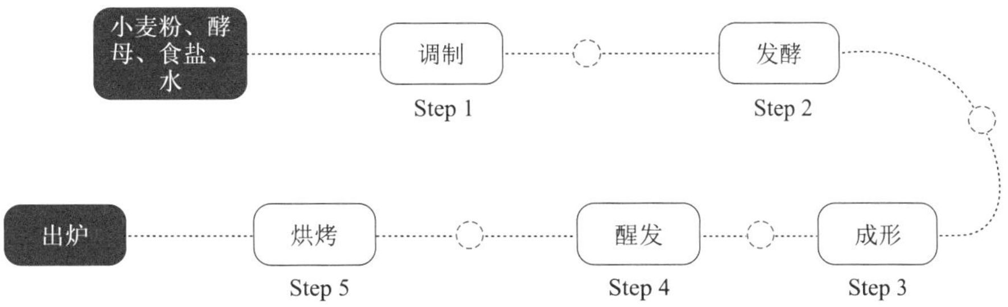

图 7-1　面包加工工艺流程图

课文问答 Questions about the Text

理解课文，回答下面的问题。

（1）面包加工的过程主要包括哪些步骤？

（2）面包成形有哪两种方式？

（3）烘烤的作用是什么？

综合注释 Comprehensive Notes

1. 首先，在面粉中加入水和其他配料，然后适度搅拌，使得面粉、水和其他配料均匀混合，形成包裹气体的弹性面团。

“首先……，然后/接着……，（之后）……”，表示事情发生的顺序。最后一句有时用“再、又、还”等。例如：

①食品低温储藏时，首先是表面水分结冰，然后冰层逐渐向内部延伸，体积膨胀，之后食品表面还可能破裂。

②制作面包圈时，首先将面包圈油炸定型，然后进行烘烤。

练习 **根据课文内容，用“首先……，然后……，之后……”简单描述面包加工的过程或具体描述其中的一个步骤。**

---

2. 将调制好的面团放置在合适的环境中。

“将/把”字句（二）

形式结构 （A）将/把 B + VC

功能作用 用来表达物体的移位或行为引发的结果。

常用语境

（1）用于放置物品的表达中。（A）将/把 B + V在/入 + 地方。例如：

①将酵母放置在低温干燥处。

②将面团放置在 25—28 ℃的环境中。

③把面包坯装入烤盘或模具中。

（2）用于制作食品、分解食品成分的表达中。（A）将/把 B + V 成 + NP。例如：

①将面团制作成面包坯。

②蛋白酶把蛋白质水解成氨基酸。

练习 边做边说，熟悉“将/把”字句（二）的使用。

（1）收拾房间、整理物品

（2）切菜、做饭

3. 面包经过醒发，才能达到松软多孔的效果。

“达到……效果”，表示实现某种结果。例如：

①在烘烤过程中添加果酱，能够达到为面包增加营养和风味的效果。

②通过降低环境温度达到食物保鲜效果。

练习 根据语境和提示，完成句子。

（1）二氧化碳→抑制微生物生长

通过增加二氧化碳浓度达到____________________________的效果。

（2）抑制细菌生长→防腐

抑制细菌生长能达到________________________________的效果。

情景小对话 Situational Dialogue

使用下面的语法，说一说面包加工的流程。

（1）首先……，然后/接着……，（之后）……

（2）（A）将/把 B + VC

（3）达到……效果

课文 2　馒头加工工艺

词语学习 Vocabulary 07–03

通用词语 Common Words and Phrases

1	古称	gǔchēng		ancient name
2	馍	mó	名	steamed bun

3	蒸馍	zhēngmó	名	steamed bun
4	以……为……	yǐ…wéi…		take...as...
5	与……类似	yǔ…lèisì		similar to...
6	相比而言	xiāngbǐ'éryán		comparatively speaking
7	参考	cānkǎo	动	refer to
8	适量	shìliàng	形	appropriate amount of...
9	左右	zuǒyòu	名	or so
10	至	zhì	动	until; to
11	揉搓	róucuo	动	rub; knead
12	少许	shǎoxǔ	形	a little
13	有劲	yǒujìn	动	be elastic
14	定型	dìngxíng	动	shape; form
15	香喷喷	xiāngpēnpēn	形	fragrant and appetizing

词语练习 Word Exercises

1. 根据词语写拼音。

古称__________ 定型__________ 参考__________

蒸馍__________ 少许__________ 香喷喷__________

适量__________ 有劲__________ 相比而言__________

2. 根据拼音写词语。

cānkǎo__________ shǎoxǔ__________ yǒujìn__________

xiāngpēnpēn__________ shìliàng__________ dìngxíng__________

3. 选择搭配。

A. 酵母 B. 面包 C. 馒头 D. 面团

加工__________ 搅拌__________ 揉__________ 蒸__________

4. 在括号中填入合适的词语。

古称 相比而言 参考 适量 少许 定型

（1）（　　　），现代发酵技术更能保证发酵过程的稳定和安全。

（2）做馒头时可以放（　　　）的盐。

（3）制作酸味或辣味的菜时，加（　　　）糖，可以改善味道。如果盐不小心放多了，加入适量糖，还可以调节咸味。

（4）面条（　　　）“水引”，最开始是饼类食物。

（5）面包烘烤时，随着温度升高，发酵会停止，面团会（　　　）熟化。

（6）米糕是用大米做成的，制作过程可以（　　　）蒸馒头的做法。最有名的是桂花米糕，松软香甜，还带有桂花香。

走进课文 Text 07–04

馒头(mántou)，古称“蛮头(mántóu)”，别称“馍(mó)”“馍馍”“蒸馍”，中国传统面食之一，是一种用发酵的面蒸成的食品。馒头以小麦面粉为主要原料，是中国人常吃的主食之一。馒头加工的技术要点与面包加工类似，相比而言，馒头的配料更简单，基本工序只有三个，即面团调制、面团发酵及馒头蒸制。基本原理可参考面包加工工艺。

馒头配料：中筋面粉 500 g、酵母粉 5 g、水适量。

馒头加工的基本步骤如下：

1. 将酵母粉放入 38 ℃左右的温水中，搅拌至酵母粉混匀。倒入称量好的面粉中，揉搓(róucuo)成光滑的面团，放置到 38±2 ℃的环境中发酵。

2. 发酵至两倍大，取出揉匀(róuyún)，可加少许干面粉，揉到感觉有劲。

3. 分成 80 g 一个的小面团，揉匀定型（可以做成喜欢的形状）。

4. 蒸锅里先加入凉水，放上蒸笼，加盖，加热后关火，利用蒸锅里的热气再发酵 10—15 分钟。

5. 开大火，水开上汽后蒸 15 分钟。

6. 香喷喷的馒头就出锅了。

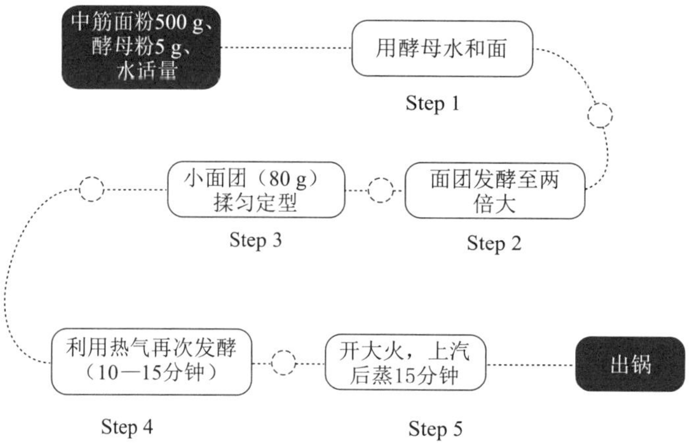

图 7-2　馒头加工工艺流程图

● 课文问答 Questions about the Text

理解课文，回答下面的问题。

（1）馒头的主要原料是什么？

（2）馒头加工和面包加工有哪些不同？

（3）馒头加工的基本步骤有哪些？

● 综合注释 Comprehensive Notes

1. 馒头加工的技术要点与面包加工类似。

“与……类似”，表示两个相比较的事物大致相像。例如：

①这种食品的外观和风味与馒头类似。

②这种纸的形状与蜂窝类似。

练习 根据提示，完成句子。

（1）肌红蛋白　血红蛋白　动物体内　发挥的作用

肌红蛋白在动物体内发挥的作用与____________________类似。

（2）榨汁机　搅拌机　使用方式

榨汁机的使用方式与____________________类似。

2. 搅拌至酵母粉混匀。

发酵至两倍大。

“V 至”，即“V 到”，表示情况达到某种程度。例如：

①水果完全成熟时，淀粉含量下降至 1%。

②当气温下降至 0 ℃时，水开始结冰。

练习 **根据表格内容，用“V 至”完成句子。**

热水器	加热	60℃
冷却时间	缩短	4 小时

（1）热水器____________________60℃。

（2）冷却时间____________________4 小时。

3. 揉搓成光滑的面团。

分成 80 g 一个的小面团。

“V 成”，表示某物发生了某种变化或达到了某种目的。例如：

①用刀把苹果切成四块。

②现代食品工业已发展成一大产业。

练习 **根据表格内容，用“V 成”完成句子。**

一个馒头	分	两半
面团	做	喜欢的形状

（1）一个馒头____________________两半。

（2）把面团____________________喜欢的形状。

汉字学习 Chinese Character Learning

• 汉字小课堂 Chinese Character Classroom

甲骨文：食（像装食物的器皿）

饭

拼　音　fàn

构　造　形声字，左边形旁“饣”代表与食物有关，右边“反”是声旁。
《说文解字》：“饭，食也。”饭，指食物。

合成词　米饭、白饭、汤饭。

馍

拼　音　mó

构　造　形声字，左边形旁“饣”代表与食物有关，右边“莫”是声旁。本义是饼类食品，主要指馒头，单说时是汉语方言词。

合成词　蒸馍、泡馍、花馍。

馒

拼　音　mán

构　造　形声字，左边形旁“饣”代表与食物有关，右边“曼”是声旁。馒，指用发面蒸制的圆形面食，一般无馅料。

合成词　馒头。

馅

拼　音　xiàn

构　造　形声字，左边形旁“饣”代表与食物有关，右边“臽”是声旁。馅，指面食中填充的肉、菜等材料。

合成词　肉馅儿、素馅儿、豆沙馅儿。

饽

拼　音　bō

构　造　形声字，左边形旁“饣”代表与食物有关，右边“孛”是声旁。饽，指一种块状的面食。

合成词　饽饽。

写汉字 Character Writing

饭	饭	饭	饭	饭	饭	饭	饭	饭	饭
馍	馍	馍	馍	馍	馍	馍	馍	馍	馍
馒	馒	馒	馒	馒	馒	馒	馒	馒	馒
馅	馅	馅	馅	馅	馅	馅	馅	馅	馅
饽	饽	饽	饽	饽	饽	饽	饽	饽	饽

课文3 肉制品加工工艺

词语学习 Vocabulary 07–05

通用词语 Common Words and Phrases

1	成品	chéngpǐn	名	finished product
2	半成品	bànchéngpǐn	名	semi-finished product
3	香肠	xiāngcháng	名	sausage
4	火腿	huǒtuǐ	名	ham
5	腊肉	làròu	名	cured meat
6	烧烤	shāokǎo	名	barbecue
7	绞	jiǎo	动	mince
8	碎	suì	动/形	break to pieces/broken
9	切	qiē	动	cut
10	丁	dīng	名	cube
11	包装	bāozhuāng	动/名	pack/package
12	验收	yànshōu	动	inspect and accept
13	检验	jiǎnyàn	动	inspect
14	质地	zhìdì	名	texture
15	携带	xiédài	动	carry
16	煮	zhǔ	动	boil
17	炒	chǎo	动	stir-fry
18	统一	tǒngyī	动/形	unify/unified

专业词语 Specialized Vocabulary

1	肉制品	ròuzhìpǐn	名	meat products
2	熟肉	shúròu	名	cooked meat
3	肉干	ròugān	名	jerky

4	肉脯	ròufǔ	名	dried meat
5	灌入	guànrù	动	fill into
6	肠衣	chángyī	名	sausage casing
7	修整	xiūzhěng	动	trim
8	拌馅儿	bànxiànr	动	mix the filling
9	腌制	yānzhì	动	pickle; marinate
10	灌装	guànzhuāng	动	fill
11	晾晒	liàngshài	动	air-dry
12	盐渍	yánzì	动	salt
13	烟熏	yānxūn	动	smoke
14	修割	xiūgē	动	trim and cut
15	腿坯	tuǐpī	名	raw pork leg
16	整形	zhěngxíng	动	shape; form
17	落架	luòjià	动	remove from the drying rack
18	分级	fēnjí	动	grade
19	堆叠	duīdié	动	stack
20	烘干	hōnggān	动	dry

词语练习 Word Exercises

1. 根据词语写拼音。

香肠__________ 绞__________ 验收__________

腊肉__________ 碎__________ 肉制品__________

烧烤__________ 切__________ 半成品__________

2. 根据拼音写词语。

chéngpǐn__________ fēnjí__________ hōnggān__________

huǒtuǐ__________ bāozhuāng__________ jiǎnyàn__________

3. 在括号中填入合适的词语。

成品　绞碎　腌制　晾晒　包装　验收　检验　堆叠

（1）香肠和腊肉加工为成品的最后一步都是（　　　　）。

（2）腊肉烘干之后，需要（　　　　）其中微生物的含量。

（3）肉制品可分为（　　　　）和半成品。

（4）绞肉机能够将肉（　　　　）。

（5）火腿落架堆叠是指根据干燥程度将发酵后的火腿落架，再按照火腿大小将火腿（　　　　）在木床上。

（6）用盐（　　　　）的食物有腌菜、腌肉和腌禽蛋等。

（7）制作火腿前，要对鲜猪腿进行（　　　　）。

走进课文 Text 07–06

肉制品，是指以畜禽肉为主要原料，经调味制作的熟肉成品或半成品，如香肠、火腿、腊肉、烧烤肉、肉干、肉脯等。下面介绍几种常见的肉制品加工工艺。

香肠是将动物的肉绞碎，再灌入肠衣制成的长圆柱体管状食品。香肠以猪或羊的肠衣灌入调好味的肉料干制而成。中式香肠的基本生产工艺：原料肉选择与修整→切丁→拌馅儿、腌制→灌装→晾晒或烘烤→包装→成品。

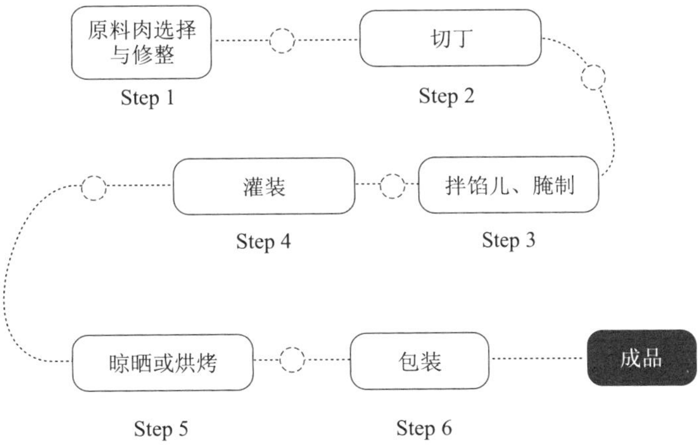

图 7–3　香肠加工工艺流程图

火腿是指以动物的腿（主要为猪腿）或大的肉块为原料，经过盐渍、烟熏、发酵和干燥等处理而成的肉制品。火腿的基本生产工艺：鲜猪腿验收→修割腿坯→腌制→浸腿→洗腿→晒腿→整形→发酵→落架→分级、堆叠→成品。

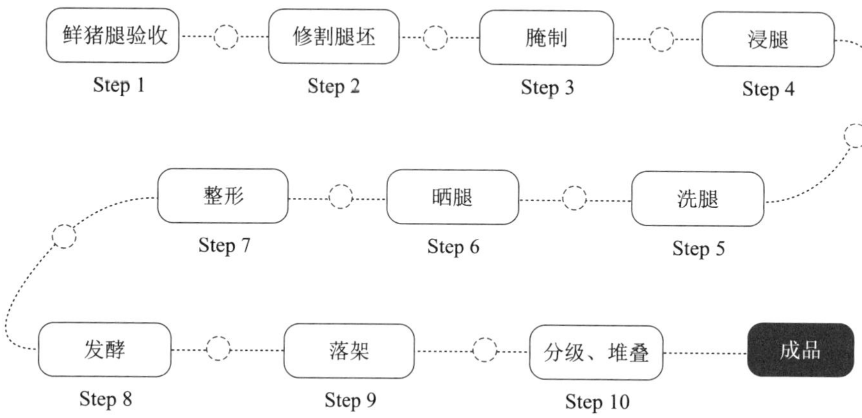

图 7–4　火腿加工工艺流程图

腊肉是原料肉经过预处理、腌制、酱制、晾晒（或烘烤）等工艺加工而成的生肉类制品，食用前需经熟化加工，是中国传统的肉制品之一。腌腊制品具有肉质紧密坚实、红白分明、咸鲜可口、风味独特、便于携运（xiéyùn）和耐贮藏（zhùcáng）等特点。腊肉的基本生产工艺：原料检验→修整→配料→腌制→烘干→检验→包装→成品。

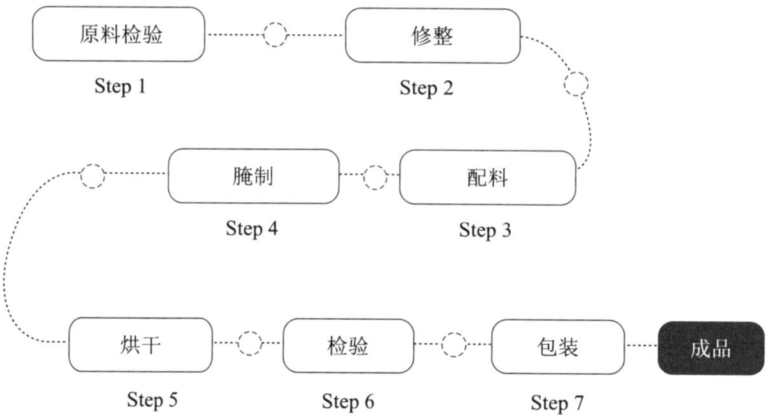

图 7–5　腊肉加工工艺流程图

熏烧烤制品是经腌制或熟制后的肉，是以熏烟、高温气体或固体、明火等为介质热加工制成的一类熟肉制品。熏烧烤制品的基本生产工艺：选料与整理→腌制→烧烤→成品。

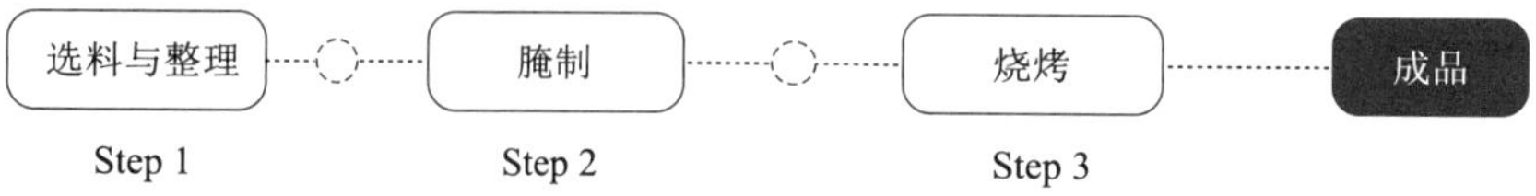

图 7–6　熏烧烤制品加工工艺流程图

干肉制品是以新鲜的畜禽瘦肉为主要原料，加以调味，经熟制后再经脱水干制，水分降低到一定程度的干肉制品。干肉制品营养丰富、美味可口、体积小、质量小、食用方便、质地干燥、便于保存和携带，因此备受人们的喜爱。干肉制品的基本生产工艺：选肉→分割→浸泡→煮制→切制→炒制→烘烤→检验→包装→入库。

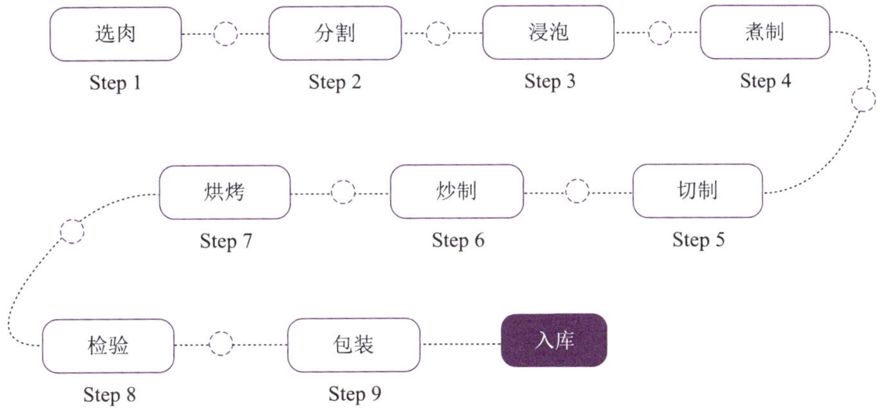

图 7-7　干肉制品加工工艺流程图

肉食有着极其丰富的文化内涵，是以人的味觉和感觉为中心，兼以视觉和嗅觉为感觉受体的艺术，好的肉制品可以达到色香味的完美统一。

课文问答 Questions about the Text

理解课文，回答下面的问题。

（1）肉制品是什么？常见的肉制品有哪些？

（2）腊肉加工过程中使用了哪些加工工艺？

（3）干肉制品受人们喜爱的原因是什么？

综合注释 Comprehensive Notes

1. 下面介绍几种常见的肉制品加工工艺。

“下面……”，表示下文列举介绍。例如：

①下面列举一些发酵的例子。

②下面以香肠为例，介绍一些肉制品的加工工艺。

练习 **根据语境和提示，完成句子。**

（1）______________________________常见的烘烤设备。（下面）

（2）______________________________用于食物发酵。（下面　酵母）

2. 腌腊制品具有肉质紧密坚实、红白分明、咸鲜可口、风味独特、便于携运和耐贮藏等特点。

“具有……特点”，突出人或事物特别的地方。例如：

①川菜具有麻辣鲜香的特点。

②食品的工业化生产具有安全可控、标准化和自动化等特点。

练习 **用“具有……特点”改写句子。**

（1）干肉制品营养丰富、美味可口、体积小、质量小、便于保存和携带。

干肉制品______________________________。

（2）好的肉制品色香味完美统一。

好的肉制品______________________________。

3. 备受人们的喜爱。

“备受……喜爱”，表示很受欢迎，受到很多人喜爱。“备”做副词，意思是“完全”。

例如：

①香肠方便又美味，备受老人和小孩喜爱。

②熏烧烤制品备受年轻人喜爱。

练习 **根据语境和提示，用“备受……喜爱”完成句子。**

（1）腊肉已有几千年历史，______________________________。（中国人）

（2）干肉制品营养丰富又美味可口，______________________________。（人们）

汉字学习 Chinese Character Learning

汉字小课堂 Chinese Character Classroom

甲骨文：肉（像分割后的动物肉块）

小篆：肉（逐渐与“月”混同）

肠

拼　音　cháng

构　造　形声字，左边形旁“月”代表与肉有关，右边“昜”是声旁。“肠”是人和动物的消化器官之一，长管形，主管消化和吸收养分，引申为动物肠子制成的食品。

合成词　小肠、盲肠、肠胃、肠道、香肠、肉肠、腊肠、肥肠。

腿

拼　音　tuǐ

构　造　形声字，左边形旁“月”代表与肉有关，右边“退”是声旁。本义是人和动物用来支撑躯体和行走的部分，可特指腌制或熏制的猪腿。

合成词　猪腿、火腿。

脂

拼　音　zhī

构　造　形声字，左边形旁“月”代表与肉有关，右边“旨”是声旁。《说文解字》：“戴角者脂，无角者膏。”本义是动植物的油脂。

合成词　脂肪、油脂、血脂、乳脂。

肪

拼　音　fáng

构　造　形声字，左边形旁“月”代表与肉有关，右边“方”是声旁。本义是人和动物体内的油性物质。

合成词　脂肪。

写汉字 Character Writing

肠	肠	肠	肠	肠	肠	肠	肠	肠	肠
腿	腿	腿	腿	腿	腿	腿	腿	腿	腿
脂	脂	脂	脂	脂	脂	脂	脂	脂	脂
肪	肪	肪	肪	肪	肪	肪	肪	肪	肪

课文 4 乳制品加工工艺

词语学习 Vocabulary 07–07

通用词语 Common Words and Phrases

1	牦牛	máoniú	名	yak
2	蒙古族	Měnggǔzú	名	Mongolian nationality
3	沸腾	fèiténg	动	boil
4	不断	búduàn	副/动	continuously/keep on
5	不至于	búzhìyú	动	not to the extent of
6	破坏	pòhuài	动	destroy
7	集聚	jíjù	动	gather
8	随着	suízhe	介	along with
9	泡沫	pàomò	名	foam
10	置于	zhìyú	动	place in
11	约	yuē	副	about
12	凝固	nínggù	动	coagulate
13	密集	mìjí	形	dense; intensive
14	半径	bànjìng	名	radius
15	则	zé	连	then; in that case
16	馥郁	fùyù	形	intensely fragrant
17	芬芳	fēnfāng	形	fragrant
18	再次	zàicì	副	once more
19	掺入	chānrù	动	mix in
20	稍	shāo	副	slightly; a bit
21	搅动	jiǎodòng	动	stir
22	不仅……也	bùjǐn…yě		not only... but also...
23	巨大	jùdà	形	huge; enormous
24	豆腐脑儿	dòufunǎor	名	tofu pudding

25	颗粒	kēlì	名	grain; particle
26	除去	chúqù	动	remove
27	繁殖	fánzhí	动	reproduce
28	雏形	chúxíng	名	embryo; prototype
29	促进	cùjìn	动	promote
30	颇	pō	副	quite
31	诱人	yòurén	形	enticing; tempting
32	琥珀色	hǔpòsè	名	amber color

专业词语 Specialized Vocabulary

1	生乳	shēngrǔ	名	raw milk
2	文火	wénhuǒ	名	slow fire
3	蛋白质膜	dànbáizhìmó	名	protein membrane
4	乳脂	rǔzhī	名	cream
5	熬制	áozhì	动	simmer; boil
6	标准化	biāozhǔnhuà	动	standardize
7	杀菌	shājūn	动	sterilize
8	凝乳	níngrǔ	动	coagulate into curds
9	压榨	yāzhà	动	press and squeeze
10	白霉菌	báiméijūn	名	white mold
11	蓝霉菌	lánméijūn	名	blue mold

词语练习　Word Exercises

1. 根据词语写拼音。

沸腾__________　随着__________　再次__________

不断__________　半径__________　标准化__________

破坏__________　芬芳__________　不至于__________

2. 根据拼音写词语。

jiǎodòng__________ pàomò__________ yòurén__________

chúqù__________ fánzhí__________ chānrù__________

3. 选择搭配。

A. 小块　　B. 圆饼　　C. 牛奶　　D. 奶皮子

呈________状　　切成__________　　制作__________　　加入__________

4. 在括号中填入合适的词语。

过滤　不断　破坏　凝固　搅动　压榨　除去　添加

（1）高温会（　　　）食物中的维生素。

（2）温度太高或太低容易导致蛋白质变形，牛奶会出现（　　　）的现象。

（3）他用勺子轻轻（　　　）着杯子里的牛奶。

（4）食品的（　　　）工艺可以除去杂质。

（5）干燥时要（　　　）空气中的水蒸气。

（6）对食品进行处理时，可以根据不同食品（　　　）不同的盐类，如氯化钠、亚硝酸钠等。

（7）随着科学技术（　　　）发展，中国食品工业质量逐渐提高。

（8）葡萄可以（　　　）出葡萄汁。

走进课文 Text 07–08

特色乳制品是指以特种生乳为原料，如水牛乳、牦牛乳、马奶、驴奶、骆驼奶等，经过加工而成的乳制品。下面介绍几种常见乳制品的加工方法。

1. 奶皮子是中国哈萨克族（Hāsàkèzú）、维吾尔族（Wéiwú'ěrzú）、蒙古族（Měnggǔzú）等民族地区的一种传统乳制品。

奶皮子的制作过程：将牛奶过滤后倒入锅内，用大火加热至将要沸腾（fèiténg）时改为文火，同时用勺子不断翻扬，使其不至于达到沸腾的程度。这样加热，牛奶表面不会结皮，还能够蒸发掉大部分水分，并破坏脂肪表面的蛋白质膜，使乳脂（rǔzhī）集聚。随着乳脂肪的不断聚集，牛奶的表面会形成一层泡沫，把这种表层带有泡沫的牛奶置于阴凉处自然冷却约 10 小时，乳脂肪凝固，形成一层表面有密集（mìjí）麻点（mádiǎn）的厚厚的奶皮，将奶皮层取出后晾干，就做成了一张奶皮子。奶皮子大多呈圆饼状，半径 10 cm 左右，厚约 1 cm，色泽微黄，表面有密集麻点。

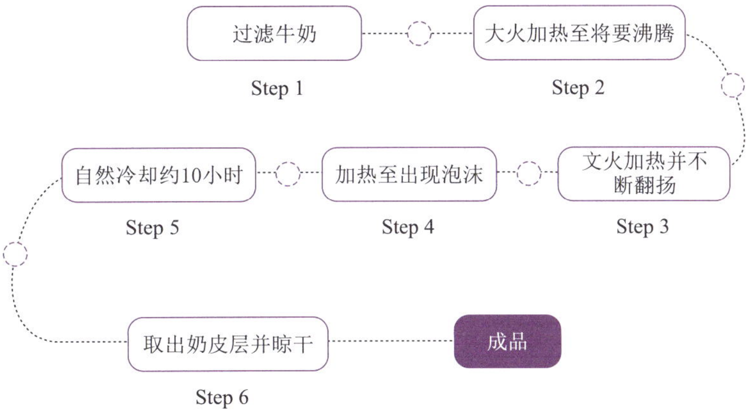

图 7-8　奶皮子加工工艺流程图

食用方法：多用于拌奶茶做早点；有时把它放在牛乳中食用；冬季则将其放在火炉上烤黄再食用，具有乳香和特别的风味。

2. 奶茶一般以砖茶、牛奶、羊奶或马奶和水熬制而成，加糖则甜，加盐则咸，馥郁（fùyù）芬芳（fēnfāng）。

煮奶茶时，应先把砖茶打碎，然后将锅置于火上，盛水 2—3 kg，烧水至刚沸腾时，加入打碎的砖茶 50—80 g。当水再次沸腾 5 分钟后，掺入（chānrù）牛奶，用奶量约为水量的五分之一，稍加搅动，再加入适量盐。等到整锅奶茶开始沸腾时，奶茶就煮好了。

奶茶不仅可做汤食下饭，也可做茶饮待客。奶茶也是蒙古族同胞招待客人的主要饮品。

图 7-9　奶茶

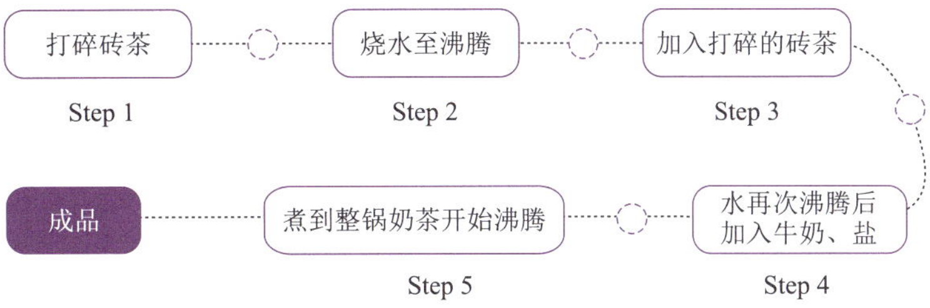

图 7-10　奶茶加工工艺流程图

3. 奶酪的制作需要先将牛奶和山羊奶等原料标准化并进行杀菌，然后加入乳酸菌或者凝乳酶创造适宜的 pH 值并使其发酵。鲜奶会慢慢变成白色的凝乳，在奶酪槽中就像一块巨大的豆腐脑儿，这时需要把凝乳切成小块，排除乳清，分离出凝乳颗粒并且加热让水分蒸发或者压榨将水分除去。堆酿凝乳颗粒，形成团块，再加入盐进一步去除水分，并抑制多余的微生物繁殖，增加奶酪的香味。得到奶酪雏形以后再添加白霉菌或蓝霉菌，洗浸表面或利用酵母促进奶酪的成熟，从而完成奶酪的制作。

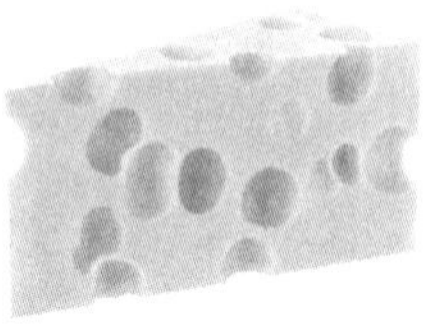

图 7-11 奶酪

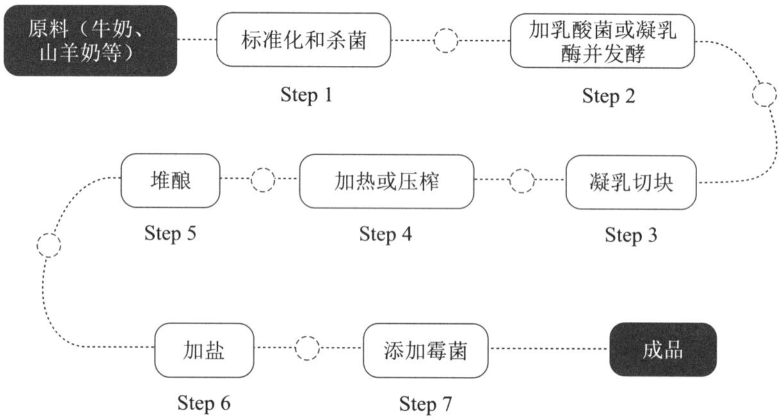

图 7-12 奶酪加工工艺流程图

4. 酪干是在类似制作奶酪的基础上，经过加热浓缩和炒制而成的一种颇具特色的传统风味小吃。酪干呈诱人的金黄色或琥珀色，常常搭配花生、杏仁、芝麻、葡萄干、核桃仁、瓜子仁等一起食用，营养丰富、黏软耐嚼。

课文问答 Questions about the Text

理解课文，回答下面的问题。

（1）什么是特色乳制品？

（2）如何食用奶皮子？

（3）常见的乳制品有哪些？

综合注释 Comprehensive Notes

1. 同时用勺子不断翻扬，使其不至于达到沸腾的程度。

“至于”，动词，表示发展到某种程度，常用否定形式“不至于”，表示不会达到某种程度。“不至于”常用于口语中，如：那倒不至于、我看不至于。例如：

①他俩虽然有点儿小矛盾，但是还不至于吵架。。

②她脚疼，但还不至于不能走路。

练习 连线，并用“不至于”完成句子。

冷却时不断搅拌	食物过热
在冷藏室缓慢解冻	滋生大量细菌

（1）冷却时要不断搅拌，________________。

（2）牛排在冷藏室缓慢解冻，________________。

2. 随着乳脂肪的不断聚集，牛奶的表面会形成一层泡沫。

随着……

形式结构　随着 + NP + 的 + VP

功能作用　一般用在句首，表示动作、行为或事件等发生的条件。

常用语境

（1）介绍动作、行为发生的条件。例如：

随着乳酸菌的加入，鲜奶会慢慢变成凝乳。

（2）介绍事件发生的条件。例如：

①随着年龄的增长，儿时的记忆在脑海中渐渐模糊了。

②随着经济的发展，中国人民的生活水平普遍提高。

练习 根据提示，用“随着”完成句子。

（1）温度升高→一些菌类品质下降

________________，一些菌类的品质会下降。

（2）果实成熟→水解酶活性增强

________________，水解酶的活性会不断增强。

3. 奶皮子大多呈圆饼状。

呈……状/色

✿ **形式结构** 呈……状

✿ **功能作用** 描述物体的形状。

✿ **常用语境** 描写物体呈现的形状。例如：

①奶皮子大多呈圆饼状。

②淀粉呈白色粉末状。

✿ **形式结构** 呈……色

✿ **功能作用** 描述物体的颜色。

✿ **常用语境** 描写物体呈现的颜色。例如：

①酪干呈诱人的金黄色或琥珀色。

②豆腐脑儿呈白色。

练习 **选词填空。**

A. 呈……色	B. 呈……状

（1）显微镜下，这些细胞________圆球________。

（2）有的鱼类表皮________银________。

4. 奶茶一般以砖茶、牛奶、羊奶或马奶和水熬制而成，加糖则甜，加盐则咸，馥郁芬芳。

“则”，意思是“就、便”，表示前后的因果关系。例如：

①文火加热则不至于沸腾。

②果蔬中的角质主要存在于表皮中，油脂则主要存在于果肉和种子中。

练习 **根据语境和提示，用“则”完成句子。**

（1）奶皮子多用于拌奶茶做早点，冬天________________________________。（烤黄再食用）

（2）在鲜奶中加入乳酸菌____________________________________。（变成凝乳）

5. 颇具特色

“颇具……”，表示“很有……”的意思。例如：

①油棕是一种重要的食用油资源，颇具发展前景。

②这家食品加工厂已经颇具规模。

练习 **选词填空。**

A. 颇具特色	B. 颇具风味

（1）奶皮子是中国民族地区的一种传统乳制品，__________。

（2）麻婆豆腐色泽淡黄，豆腐软嫩而有光泽，__________。

情景小对话 Situational Dialogue

做一做，说一说。

运用本课学习的词语和语法，在实验室中 4 人为一组，分组模拟实验室师生对话，演示奶皮子、奶茶、奶酪制作的流程，2 人负责操作，2 人负责模拟对话讲解。

拓展阅读 Extended Reading

成语“醍醐灌顶”（tíhú-guàndǐng）①

醍醐，指从牛奶或羊奶中精炼出来的乳酪经过熬煮、过滤、冷却后制成的液态物。醍醐性质甘美温润，气味清凉，营养价值高，在古代一直被人们当作滋补饮品。李时珍在《本草纲目》中提到，“做酪时，上一重凝者为酥，酥上如油者为醍醐”，并将醍醐称为“仙家酒”。中医将醍醐用作药品，认为它有滋阴（zīyīn）清热（qīngrè）、清凉（qīngliáng）润燥（rùnzào）的功效。同时，因为醍醐由上乘的乳制品经萃取而得，也常被用来比喻出类拔萃的人。

灌顶，指浇在头上。醍醐灌顶，最初比喻给人灌输智慧，使人从迷惑中醒悟或彻底觉悟。唐代②诗人白居易曾有诗作《嗟发落》，诗中赞道：“有如醍醐灌，坐受清凉乐。”后世的文学作品在形容人头脑清醒、茅塞顿开时，常用“醍醐灌顶”一词。

根据文章内容，回答问题。

1. “醍醐”是什么意思？
2. “灌顶”指什么？
3. “醍醐灌顶”这个成语常用来形容什么？

---

① 本文节选自《食品文化概论》，李文钊主编，中国轻工业出版社，2020 年版。有删改。

② 唐代（Tángdài）：Tang Dynasty，618—907 年。

08 第 8 课 食品保鲜与贮藏

课文导读 Text Introduction

内容扫描： 食品变质主要包括食品外观、质构、风味等感官特征变差，营养价值、安全性和审美感觉下降等。我们可以根据食品变质的原因研究食品贮藏的方法，维持食品原有的质量，达到食品长期保鲜的效果。

语言点扫描： 面面观；概括地说；“将/把”字句（三）；对于……来说；一……就……；……之间。

课文 1 贮藏方法面面观

词语学习 Vocabulary 08-01

通用词语 Common Words and Phrases

1	面面观	miànmiànguān		overall perspective
2	保藏	bǎocáng	动	preserve
3	减缓	jiǎnhuǎn	动	slow down
4	延长	yáncháng	动	extend
5	晾	liàng	动	dry in the air
6	腐烂	fǔlàn	动	rot; decay
7	浸泡	jìnpào	动	soak in
8	醋	cù	名	vinegar
9	抑制	yìzhì	动	inhibit; restrain
10	防止	fángzhǐ	动	prevent; avoid

专业词语 Specialized Vocabulary

1	气调贮藏	qìtiáo zhùcáng		modified atmosphere storage
2	冷链	lěngliàn	名	cold chain
3	热处理	rèchǔlǐ	动	heat treatment
4	糖制	tángzhì	动	process with sugar
5	抗氧化剂	kàngyǎnghuàjì	名	antioxidant
6	酸化剂	suānhuàjì	名	acidulant
7	酶技术	méijìshù	名	enzyme technology
8	灭菌	mièjūn	动	sterilize

词语练习 Word Exercises

1. 根据词语写拼音。

延长__________　防止__________　灭菌__________

浸泡__________　保藏__________　面面观__________

抑制__________　减缓__________　腐烂__________

2. 根据拼音写词语。

qìtiáo zhùcáng__________　lěngliàn__________　jiǎnhuǎn__________

bǎocáng__________　rèchǔlǐ__________　fángzhǐ__________

3. 选择搭配。

A. 生长　B. 变质　C. 保质期　D. 衣服

延长__________　抑制__________　防止__________　晾__________

4. 在括号中填入合适的词语。

保藏　减缓　延长　灭菌　晾干　腐烂　抑制　防止

（1）食品在低压下干燥，能（　　　）或抑制某些细菌的活力。

（2）降低温度能（　　　）微生物生长繁殖的速度。

（3）制作奶皮子时，需要将奶皮层取出后（　　　）。

（4）在食品加工过程中要（　　　）细菌的污染。

（5）在低温环境中，酶的作用受到了（　　　）

（6）食品低温（　　　）可以减缓微生物的生长。

（7）为了（　　　）果蔬的贮藏时间，应采取低温的方式进行贮藏。

（8）水分多的食物容易（　　　）、变质。

走进课文 Text 08-02

食品加工和贮藏历史悠久，人类制作出了多种多样的食品，也形成了多样的食品贮藏方法。食品的原料、腐败变质的原因不同，贮藏的方法也不同。概括地说，食品贮藏方法包括物理方法、化学方法和生物方法等。

物理方法主要包括低温保藏、气调贮藏、食品冷链（lěngliàn）、热处理（rèchǔlǐ）和食品干燥等。化学方法主要包括食品的腌制（yānzhì）和糖制（tángzhì），食品的烟熏，食品防腐剂、抗氧化剂、酸化剂的使用等。生物方法主要包括食品发酵和酶技术的使用等。下面介绍几种常见的食品贮藏方法。

低温保藏法：将食品放置在低温环境中，即保藏在冰箱或冰柜中，以减缓细菌等微生物的生长和繁殖，从而延缓食品腐败变质。

气调贮藏法：在人工配比的气体环境中贮藏食品的方法。通常与低温并用。一般需调节贮藏环境中的氧气、二氧化碳、氮气等的含量，以延长食品的保质期。

加热灭菌（mièjūn）法：将蔬菜、水果等加热至高温状态，杀死细菌等微生物，从而维持食品的质量。

干燥储存（chǔcún）法：将食品晾干或烘烤至一定湿度以下，比如将易腐烂的肉类烘干，以达到食品保藏的目的。

腌制和糖制法：将蔬菜、水果等浸泡在盐水、糖水、醋等溶液中，抑制细菌等微生物的生长和繁殖，防止食品快速腐败变质。

课文问答 Questions about the Text

理解课文，回答下面的问题。

（1）食品贮藏方法包括哪些？

（2）什么是气调贮藏法？

（3）腌制和糖制法如何防止食品变质？

综合注释 Comprehensive Notes

1. 贮藏方法面面观

“面面观”，表示对事物做多方面的观察，常用在标题中。例如：

①城市生活面面观：你是否拥有挑战生活的勇气？

②蛋白质分类面面观

练习 如果你想写一篇文章，从多方面介绍乳制品加工工艺，你可以把题目设定为：

____

2. 概括地说，食品贮藏方法包括物理方法、化学方法和生物方法等。

“概括地说”，提示后续内容是对前文或复杂信息的总结归类。例如：

①概括地说，果蔬采后的生长现象有叶子的持续生长、幼茎的伸长和种子的发育等。

②概括地说，常见的特色乳制品有奶皮子、奶茶、奶酪和酪干等。

练习 根据语境，完成句子。

（1）______________________________，最基本的味觉有咸、酸、甜、苦。

（2）概括地说，人体必需的营养素有______________________________。

3. 将蔬菜、水果等加热至高温状态。

将食品晾干或烘烤至一定湿度以下。

“将/把”字句（三）

形式结构　（A）将/把 B + V至 + 目标

功能作用　用来表达行为引发的结果或表述物体的移位。

常用语境

（1）用于食品制作的相关表达。例如：

①将面团揉至光滑。

②将焦糖熬至琥珀色。

（2）用于物品移动的相关表达。例如：

请将沙发从客厅移至靠窗的位置。

练习 **根据语境，填入合适的词语。**

A	把/将	B	V	在/至/成	目标域
玛丽	把	书			桌子上
我	将	水			沸腾
小王	把	西红柿			小块

课文 2　食品保鲜的秘密

词语学习 Vocabulary 08-03

通用词语 Common Words and Phrases

1	禽	qín	名	poultry
2	普遍	pǔbiàn	形	common
3	脱离	tuōlí	动	detach
4	缓慢	huǎnmàn	形	slow
5	表明	biǎomíng	动	indicate
6	相对湿度	xiāngduì shīdù		relative humidity
7	浸泡法	jìnpàofǎ	名	soaking method
8	撒	sǎ	动	sprinkle
9	表面	biǎomiàn	名	surface

专业词语 Specialized Vocabulary

1	母体	mǔtǐ	名	mother's body
2	蛋白	dànbái	名	egg white
3	蛋壳	dànké	名	eggshell
4	小孔	xiǎokǒng	名	small hole
5	蛋黄	dànhuáng	名	egg yolk
6	热稳定法	rèwěndìngfǎ	名	heat stability method; thermal stabilization method
7	生鲜	shēngxiān	名	fresh produce
8	滋生	zīshēng	动	breed; multiply
9	密封袋	mìfēngdài	名	sealed bag; sealable bag
10	黏液	niányè	名	mucus

词语练习 Word Exercises

1. 根据词语写拼音。

蛋白________ 表面________ 生鲜________

脱离________ 小孔________ 表明________

滋生________ 普遍________ 热稳定法________

2. 根据拼音写词语。

shēngxiān________ mǔtǐ________ biǎomiàn________

dànhuáng________ zīshēng________ biǎomíng________

3. 选择搭配。

A. 温度 B. 二氧化碳 C. 母体 D. 丰富

呼出________ 控制________ 营养________ 脱离________

4. 在括号中填入合适的词语。

脱离 释放 吸收 缓慢 控制 表明 滋生

（1）发酵过程中要（ ）微生物的种类和环境温度等条件。

（2）密封包装可以防止干燥食品（ ）水分。

（3）低温下，酶的作用并没有停止，只是进行得非常（　　　）。

（4）微生物的（　　　）会使食品腐败变质。

（5）干燥过程中，食物表面温度升高，水分会蒸发而（　　　）食物表面。

（6）二氧化碳会在脱水或蒸馏的过程中（　　　）出来。

（7）研究（　　　），聚乳酸在空气、水和普通细菌环境中能够完全分解为水和二氧化碳，是一种很好的绿色材料。

走进课文 Text 08-04

每种食物都有其独特的保鲜方法，对于家庭来说，常见的食物保鲜法有以下几种。

禽蛋的低温保藏法。禽蛋是人类普遍食用的营养丰富的食物之一，鲜蛋一脱离禽类母体，质量就开始降低：蛋白里呼出二氧化碳，通过蛋壳(dànké)上的小孔释放(shìfàng)出来，蛋白和蛋黄之间也在不停地互动，蛋白中的水分会被蛋黄吸收，蛋黄中的脂类也会缓慢地移动到蛋白中。控制温度是蛋类保藏的重要方法，也是最常用的一种方法。研究表明，在0 ℃条件下，相对湿度80%左右，鲜蛋可保存6—8个月。此外，贮藏蛋类还可使用浸泡法、热稳定法等。

生鲜肉类的冷藏保鲜法和冷冻保鲜法。短期食用的生鲜肉类可放入冰箱冷藏室，以防止细菌滋生(zīshēng)和变质。对于需要长期保存的肉类，最好使用密封袋或密封容器包装好，放入冰箱冷冻柜。冷冻可以有效地抑制细菌滋生，并延长食物的保鲜期。

新鲜果蔬的气调贮藏法。在低温条件下调节果蔬贮藏环境中的气体含量，维持新鲜果蔬的最低生命活动。

新鲜鱼贝类的冰冷却法和微冻保鲜法。冰冷却法，即碎冰冷却，又叫“冰鲜”“冰藏”，是保藏新鲜鱼类最普遍的方法。将碎冰直接撒到鱼体表面，不仅可以除去黏液和细菌，还有防止鱼体表面氧化和干燥的作用。微冻保鲜法，即将食物保藏在稍低于冻结点（−3 ℃左右）的环境中，保鲜期可达 20—30 天。这一方法可使细菌繁殖停止，脂肪氧化减慢，解冻时鱼体汁液流失少，鱼体表面色泽好。

课文问答 Questions about the Text

理解课文，回答下面的问题。

（1）常见的食物保鲜法有哪些？

（2）贮藏蛋类可以使用哪些方法？

（3）鱼贝类的冰冷却法是怎样操作的？

综合注释 Comprehensive Notes

1. 对于家庭来说，常见的食物保鲜法有以下几种。

"对于……来说"，表示从某个角度来提出看法。例如：

①对于植物性食品来说，不适宜的温度可能会加速它们的腐败。

②对于微生物来说，盐水、糖水、醋等溶液会抑制它们的生长。

练习 根据语境和提示，完成句子。

（1）对于____

________________来说，化学技术处理包括食品的腌制、糖制、烟熏等。（食品处理）

（2）对于________________________来说，温度直接影响其生长和合成酶。（微生物）

2. 鲜蛋一脱离禽类母体，质量就开始降低。

"一……就……"，表示前一个动作发生以后马上就发生第二个动作。这两个动作可以是已经发生的，也可以是以后一定会发生的。例如：

①细菌一滋生，食物就容易变质。

②蔬果一采收，生命活动就开始减弱。

练习 根据表格内容，完成下面的句子。

水	加热至沸腾	有大量气泡冒出
新鲜鱼类	保藏在 −3 ℃以下	细菌繁殖慢慢停止

（1）水一________________，就会________________________________。

（2）新鲜鱼类一________________，细菌繁殖就________________________。

3. 蛋白和蛋黄之间也在不停地互动。

"……之间"，表示事物之间的关系。常用以下两种结构：

（1）"A和/与B 之间"，例如：

①食物贮藏过程中，气体成分和温度之间会相互制约。

②成功与不成功之间有时距离很近。

（2）"N＋之间"，例如：

①朋友之间不用太客气。

②加热时，蛋白质之间也会发生化学变化。

练习 根据语境，用"……之间"完成句子。

（1）________________________________应该互相帮助。

（2）________________________________不要计较太多。

情景小对话 Situational Dialogue

运用本课学到的词语和语法，从下面食品贮藏方法中选择一到两种进行介绍。需模拟实验室师生对话。

低温保藏法	气调贮藏法	加热灭菌法	干燥储存法	腌制和糖制法

汉字学习 Chinese Character Learning

汉字小课堂 Chinese Character Classroom

甲骨文：贝（财物）

腌

拼　音　yān

构　造　形声字，左边形旁"月"代表与肉有关，右边"奄"是声旁，同时"奄"字有覆盖义，表示用盐覆盖。《说文解字》："腌，渍肉也。"本义是用盐渍肉。

合成词　腌肉、腌菜。

腊

拼　音　là

构　造　形声字，左边形旁“月”代表与肉有关，右边“昔”是声旁，同时“昔”也有时间长的意思。《说文解字》：“腊，干肉也。”本义是古人在岁终时举行的一种祭祀。

合成词　腊肉、腊肠、腊鸭。

藏

拼　音　cáng

构　造　形声字，上面形旁“艹”代表与草有关，下面“臧”是声旁。《说文解字》：“藏，匿也。”本义是利用草木等遮挡物的掩护隐蔽、隐匿，引申为储存。

合成词　冷藏、保藏、储藏、罐藏。

贮

拼　音　zhù

构　造　会意兼形声，左边形旁“贝”代表与财物有关，右边“宁”是声旁。《说文解字》：“贮，积也。”本义是积累财物，引申为存放、保藏。

合成词　贮藏、贮存。

写汉字 Character Writing

腌 腌 腌 腌 腌 腌 腌 腌 腌 腌

腊 腊 腊 腊 腊 腊 腊 腊 腊 腊

藏 藏 藏 藏 藏 藏 藏 藏 藏 藏

贮 贮 贮 贮 贮 贮 贮 贮 贮 贮

拓展阅读 Extended Reading

火腿和酸笋的腌制方法

从食品科学角度来看，金华火腿①的腌制方法在食品保藏中属于干腌法。首先把火腿表面和边缘修割整齐，剔除多余皮肉，然后将盐均匀撒在火腿表面，整个腌制过程要撒盐六到七次，然后将腌好的火腿浸泡清洗、晾晒整形，随后堆叠发酵。这种干腌法通过高浓度盐分在肉的表面形成渗透压，促使水分与可溶物质析出，同时缓慢的腌制进程使得盐分与肉质中的成分充分反应，配合特定霉菌作用，最终形成风味浓郁、色泽鲜亮、质地紧密且耐储存的独特品质。

酸笋（suānsǔn）则采用湿腌法（shīyānfǎ）。将冬笋浸入浓度为 5%—15% 的盐溶液中，借助渗透作用使笋体与溶液的盐度达到平衡。此过程需保证腌制容器处于缺氧的状态，以促使乳酸菌发酵产生乳酸，赋予酸笋标志性的清爽酸味。

干腌的岁月沉淀与湿腌的菌群驯化（xùnhuà），共同演绎着中国传统食品保存的微生物智慧。

根据文章内容，回答问题。

1. 如何腌制金华火腿？
2. 金华火腿的腌制属于哪种食品保藏方法？这种方法是如何影响金华火腿的味道和口感的？
3. 酸笋的腌制方法是什么？这种方法是如何影响酸笋的味道和口感的？

① 金华火腿：浙江省金华市特产。

第三单元

食品工艺实验

09 第9课 粮油制品工艺实验

课文导读 Text Introduction

内容扫描： 本课介绍面粉制作实验及其目的、实验原料和设备、实验步骤（清洗—浸泡—皮磨—心磨—筛分）、质量评价。

语言点扫描： 分别；按照……比例……。

课文　面粉制作实验

词语学习 Vocabulary 09-01

通用词语 Common Words and Phrases

1	粮油	liángyóu	名	grain and oil
2	实验	shíyàn	名/动	experiment
3	简介	jiǎnjiè	名/动	introduction/briefly introduce
4	小麦	xiǎomài	名	wheat
5	繁多	fánduō	形	numerous
6	花样百出	huāyàng bǎichū		various
7	点心	diǎnxin	名	pastry
8	流程	liúchéng	名	process; procedure
9	技能	jìnéng	名	skill
10	评定	píngdìng	动	evaluate
11	要点	yàodiǎn	名	key point
12	设备	shèbèi	名	equipment
13	灰尘	huīchén	名	dust

专业词语 Specialized Vocabulary

1	研磨	yánmó	动	grind
2	高筋粉	gāojīnfěn	名	high-gluten flour
3	中筋粉	zhōngjīnfěn	名	medium-gluten flour
4	低筋粉	dījīnfěn	名	low-gluten flour
5	胚乳	pēirǔ	名	endosperm
6	蒸馏水	zhēngliúshuǐ	名	distilled water
7	磨粉机	mòfěnjī	名	pulverizer
8	静置	jìngzhì	动	settle; allow to rest
9	皮磨	pí mó		bran milling
10	过筛	guòshāi	动	sift
11	筛网	shāiwǎng	名	sieve screen
12	目	mù	量	sieve number
13	心磨	xīn mó		endosperm milling
14	进料漏斗	jìnliào lòudǒu		feed hopper
15	筛分	shāifēn	动	sieve; screen
16	粒度	lìdù	名	particle size
17	理化	lǐhuà	名	physics and chemistry
18	出粉率	chūfěnlǜ	名	extraction rate
19	灰分	huīfèn	名	ash content
20	白度	báidù	名	whiteness

词语练习 Word Exercises

1. 根据词语写拼音。

粮油__________　　小麦__________　　技能__________

繁多__________　　简介__________　　设备__________

实验__________　　流程__________　　花样百出__________

2. 根据拼音写词语。

jiǎnjiè__________　　yàodiǎn__________　　yánmó__________

jìnéng__________ huīfèn__________ diǎnxīn__________

3. 选择搭配。

A. 流程 B. 步骤 C. 小麦 D. 面包

研磨__________ 工艺__________ 实验__________ 制作__________

4. 在括号中填入合适的词语。

实验 研磨 品质 评定 步骤 浸泡 静置

（1）研磨面粉的（　　　）有清洗、浸泡和皮磨等。

（2）不同食品的贮藏温度需要通过（　　　）来确定。

（3）制作面包时，将原料调制成面团后，（　　　）醒发 30 分钟，能使面团松软。

（4）将干酪（　　　）在一定浓度的盐水中可以抑制微生物的生长。

（5）小麦（　　　）成面粉后，可以制作多种食品。

（6）食品品质的检验可以采用感官（　　　）的方法。

（7）食品保藏是为了保证食品的（　　　）和安全性。

走进课文 Text 09-02

一、实验简介与实验目的

面粉是用小麦研磨而成的粉状物，用面粉制成的食品种类繁多，花样百出。按照蛋白质含量的高低，面粉可以分为高筋粉、中筋粉和低筋粉，分别可以制作面包、面条儿和点心等。把小麦研磨成面粉需要分离小麦粒中的胚乳（pēirǔ）、麸皮（fūpí）和胚。

本实验要求理解小麦磨制的基本原理，掌握面粉制作的基本工艺流程和基本技能，学习面粉品质评定的要点。

二、实验原料和设备

1. 实验原料：小麦、蒸馏水。

2. 实验设备：小麦磨粉机。

三、实验步骤

1. 清洗：用清水清洗，除去杂质和灰尘。

2. 浸泡：称取 500 g 小麦放入密封袋，按照每 100 g 小麦对应 16.5 g 蒸馏水的比例喷水，静置 24 小时。

3. 皮磨：将 500 g 小麦倒入喂料口，磨制 3 分钟左右，过筛（guòshāi），筛网为 80 目。

4. 心磨：将筛上部分从另一侧进料漏斗倒入，继续磨制 3 分钟，完成心磨。

5. 筛分：心磨后的粉过筛，筛网为 80 目，然后将皮磨过筛后的面粉与心磨过筛后的面粉混合。

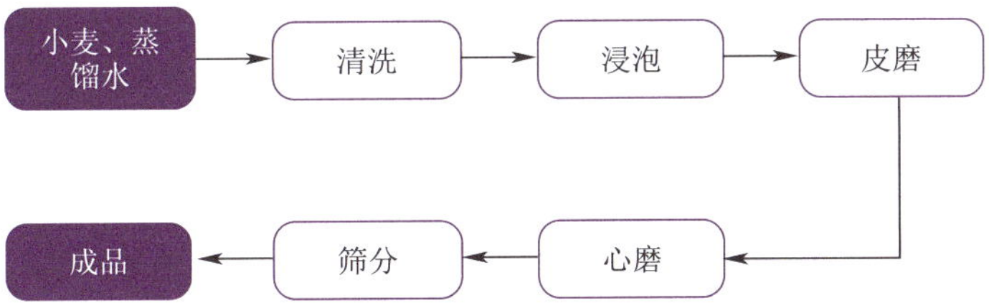

图 9-1　面粉制作工艺流程图

四、质量评价

1. 感官标准：面粉应为白色，粒度分布均匀，无杂质，无异味。

2. 理化标准：小麦出粉率 ≥ 60.0%，灰分 ≤ 0.6%，白度 ≥ 70.0%。

课文问答 Questions about the Text

理解课文，回答下面的问题。

（1）面粉可以分为哪几种？是按照什么进行分类的？

（2）面粉制作有哪些步骤？

（3）质量评价有哪些指标？

综合注释 Comprehensive Notes

1. 按照蛋白质含量的高低，面粉可以分为高筋粉、中筋粉和低筋粉，分别可以制作面包、面条儿和点心等。

“分别”，副词，表示采取不同的方式，分头、各自。例如：

①食品加工过程中，不同的加工流程分别适用于不同种类的食品。

②正常空气中，氧气和二氧化碳的浓度分别为 21.00% 和 0.03%。

“分别”也可以做动词，表示离别或辨别；还可以做名词，表示不同。例如：

③分别一年后，他们又恢复了联系。（动词）

④注意不同汉字字形的分别。（名词）

练习 **根据语境，判断下面句子中的“分别”是什么词性。**

（1）这五个产品分别静置在不同的温度条件下。（　　　　）

（2）这两种酶分别能发酵乳糖和分解淀粉。（　　　　）

（3）在磨制面粉的过程中，要观察皮磨和心磨的分别。（　　　　）

2. 称取 500 g 小麦放入密封袋，按照每 100 g 小麦对应 16.5 g 蒸馏水的比例喷水。

“按照……比例……”，表示遵循某种对比关系。例如：

①日常饮食中可以将蔬菜、肉蛋禽奶和主食按照 2∶1∶1 的比例摄入，补充营养。

②榨果汁时，水果和水可以按照 1∶3 的比例混合。

③做豆浆时，黄豆和清水按照 1∶3 的比例混合。

练习 **根据表格内容，完成下面的句子。**

流程图	1∶1	放大
高筋粉和低筋粉	1∶2	混合

（1）流程图____。

（2）高筋粉和低筋粉____。

课堂活动 Classroom Activities

☆ 说一说，写一写

在实验室内分组演示小麦磨制成面粉的过程，2 人一组，1 人负责操作，1 人负责为听众讲解，也可以 2 人一组边演示小麦磨制过程边模拟实验室师生对话。需要用到下面的提示词语和语法。

☆ 提示

清洗　浸泡　皮磨　心磨　筛分

（A）将 B + V 入　按照……比例……　分别 + V

汉字学习 Chinese Character Learning

汉字小课堂 Chinese Character Classroom

 甲骨文：石（像山中岩石）　 小篆：石

研

拼　音　yán

构　造　形声字，左边形旁“石”代表石头，右边“开（jiān）”是声旁。本义是用石头磨物，引申为研究。

合成词　研 ×，并列结构动词，如：研制、研磨、研究。

碎

拼　音　suì

构　造　形声字，左边形旁“石”代表石头，右边“卒”是声旁。本义是石块破裂成碎块。

合成词　× 碎，× 指动作，构成述补结构，如：磨碎、搅碎、绞碎、粉碎。

磨

拼　音　mó、mò

构　造　形声字，下面形旁“石”代表石头，“麻”是声旁。本义是磨制石器，泛指研磨的动作。读 mò 时，表示研磨的工具。

合成词　研磨（mó）、石磨（mò）、磨（mò）坊。

写汉字 Character Writing

研	研	研	研	研	研	研	研	研	研

碎 碎 碎 碎 碎 碎 碎 碎 碎 碎

磨 磨 磨 磨 磨 磨 磨 磨 磨 磨

拓展阅读 Extended Reading

面包的起源①

1 万多年前，西亚一带的古代民族利用石板碾压(niǎnyā)谷物成粉，用水调和后在烧热的石板上烘烤。这就是面包的起源，但那时它是未发酵的“死面饼”。古埃及(Āijí)是公认的发酵面包诞生(dànshēng)地。传说公元前 2600 年，当时古埃及人已经会用谷物制作各种食品，例如将捣碎的小麦与水、盐拌在一起调制成面团，然后放在土窑(tǔyáo)内烘烤。有一些剩余的面团利用空气中的野生酵母发酵了，人们用这些发酵面团制作面包时惊奇地发现面包变得松软且有特殊香味。但发酵的奥秘(àomì)直到 19 世纪中叶才由法国科学家巴斯德(Bāsīdé)揭开。

古埃及人发明的发酵面包后来传到了希腊。古希腊人最早用酿制酸啤酒过滤下来的酒渣，也就是新鲜的啤酒酵母来发酵面包。希腊人改进了面包烤炉，面包师受到严格的训练，制作的面包质量似乎比埃及人提高了许多。公元 2 世纪末，罗马面包师行会统一了制作面包的技术，并规定只有专业磨坊才能碾磨面粉，面包师必须经过培训，持有执照方可经营面包房。

根据文章内容，回答问题。

1. 哪个地方被认为是发酵面包的诞生地？
2. 描述一下面包的起源和制作过程。
3. 古希腊人最早使用什么来发酵面包？
4. 古希腊人对面包制作做出了哪些贡献？

① 本文节选自《食品文化概论》，李文钊主编，中国轻工业出版社，2020 年版。有删改。

10 第 10 课 豆制品加工工艺实验

课文导读 Text Introduction

内容扫描： 本课介绍豆腐制作实验及其目的、实验原料和设备、实验步骤（浸泡—磨碎—过滤—煮浆—点浆和凝固—压制）、质量评价。

语言点扫描： 受到……的影响；……的比例为……；A 不小于 B。

课文　豆腐制作实验

词语学习 Vocabulary 10–01

通用词语 Common Words and Phrases

1	豆腐	dòufu	名	tofu
2	悠久	yōujiǔ	形	ancient
3	凝固剂	nínggùjì	名	coagulant
4	温度计	wēndùjì	名	thermometer
5	天平	tiānpíng	名	balance
6	没过	mòguò	动	submerge
7	压制	yāzhì	动	press

专业词语 Specialized Vocabulary

1	老豆腐	lǎodòufu	名	firm tofu
2	嫩豆腐	nèndòufu	名	soft tofu

3	板豆腐	bǎndòufu	名	firm tofu; pressed tofu
4	圆豆腐	yuándòufu	名	round tofu
5	冻豆腐	dòngdòufu	名	frozen tofu
6	豆腐干	dòufugān	名	dried tofu
7	豆腐皮	dòufupí	名	tofu skin
8	臭豆腐	chòudòufu	名	stinky tofu
9	腐乳	fǔrǔ	名	fermented tofu
10	长毛豆腐	zhǎngmáo dòufu		hairy tofu
11	浓度	nóngdù	名	concentration
12	硫酸钙	liúsuāngài	名	calcium sulfate
13	氯化钙	lǜhuàgài	名	calcium chloride
14	卤水	lǔshuǐ	名	brine
15	磨浆机	mòjiāngjī	名	grinder
16	压榨器	yāzhàqì	名	squeezer
17	比重计	bǐzhòngjì	名	hydrometer
18	稠度计	chóudùjì	名	consistometer
19	质构仪	zhìgòuyí	名	texture analyzer
20	掐断	qiāduàn	动	pinch off
21	浮皮	fúpí	名	floating skin; surface film
22	豆渣	dòuzhā	名	bean dregs
23	热变	rèbiàn	动	thermal change
24	点浆	diǎnjiāng	动	curdle

词语练习 Word Exercises

1. 根据词语写拼音。

豆腐________　压制________　豆腐干________

天平________　悠久________　磨浆机________

腐乳________　没过________　温度计________

2. 根据拼音写词语。

nóngdù________　lǔshuǐ________　bǐzhòngjì________

yōujiǔ__________　　dòngdòufu__________　　chóudùjì__________

3. 选择搭配。

A. 豆腐表面 10 cm　　B. 浮皮　　C. 浓度　　D. 臭豆腐

去除__________　　没过__________　　制作__________　　测定__________

4. 在括号中填入合适的词语。

悠久　浓度　没过　掐断　压制　撒

（1）当盐溶液的（　　　）达到 20%—25% 时，几乎所有微生物都停止生长。

（2）保藏鱼类时可以直接将冰（　　　）在鱼的表面。

（3）蔬菜腌制在中国有着（　　　）的历史。

（4）浸泡黄豆时，水应（　　　）黄豆表面 10—15 cm。

（5）浸泡后的黄豆容易被手指（　　　）。

（6）制作豆腐的最后一步是对豆腐脑儿施加压力，（　　　）成豆腐。

走进课文 Text 10-02

一、实验简介与实验目的

豆腐是一种历史悠久的食品，含有高蛋白及丰富的维生素。常见的豆腐有南豆腐、北豆腐、老豆腐、嫩豆腐、板豆腐、圆豆腐、冻豆腐等，豆腐鲜货制品包括豆腐干、豆腐皮、豆腐脑儿等，豆腐的发酵制品有臭豆腐、腐乳、长毛豆腐等。

豆腐的制作受到豆浆温度、浓度、pH 值、凝固剂种类等因素的影响。本实验要求掌握豆腐制作的基本原理、加工工艺及操作要点。

二、实验原料和设备

1. 实验原料：黄豆、清水、硫酸钙、氯化钙、卤水。

2. 实验设备：混料罐、加热锅、磨浆机、温度计、pH 计、天平、压榨器、比重计、稠度计、质构仪。

三、实验步骤

1. 浸泡：黄豆和清水按照 1∶3 的比例混合，加水量没过黄豆表面

10—15 cm，pH 值应在 6.5 以上，水温 17—25 ℃，浸泡时间为 8—12 小时，冬季需 14—16 小时，泡至豆瓣易被手指掐断即可。

2. 磨碎：用磨浆机磨制泡好的黄豆，去除浮皮和杂质，黄豆和水的比例应为每 1000 g 黄豆加入 50—55 ℃的热水 4000 mL。

3. 过滤：用过滤网使豆浆和豆渣分离，这一步骤可以在煮浆前进行，也可以在煮浆后进行。

4. 煮浆：煮浆使蛋白质发生热变，煮浆温度要达到 95—98 ℃，保持 2 分钟。

5. 点浆和凝固：用稠度计（chóudùjì）测定豆浆浓度，浓度应不小于 11.0%，温度为 70—75 ℃，使用硫酸钙或卤水作为凝固剂，硫酸钙的用量为 0.8%—1.5%，卤水的加入量为 0.8%—1.0%。将硫酸钙或卤水加入豆浆中，搅拌后静置，保持 20—25 分钟以凝固成豆腐脑儿。

6. 压制：把豆腐脑儿撒在豆腐布上，包好放在豆腐箱内，在盖板上加压，压制 5—20 分钟。

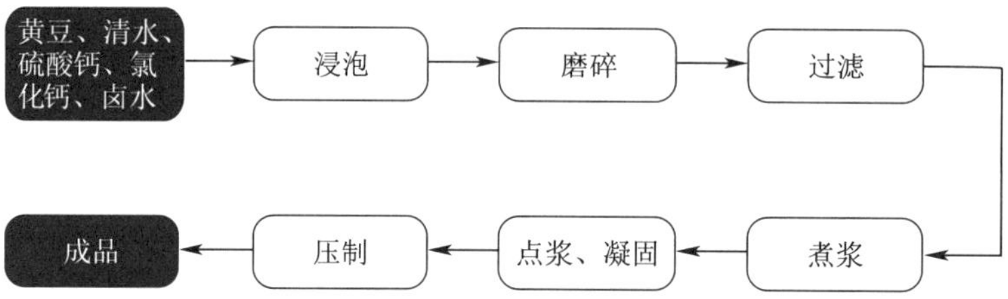

图 10-1　豆腐制作工艺流程图

四、质量评价

1. 感官标准：成品应为白色或淡黄色，具有豆香气味，无异味，形状完整，软硬适度，有弹性（tánxìng），无杂质。

2. 理化标准：水分值为 85.0%—90.0%，蛋白质为 5.0%—7.0%。

课文问答 Questions about the Text

理解课文，回答下面的问题。

（1）豆腐的发酵制品有哪些？

（2）豆腐的制作受到哪些因素的影响？

（3）豆腐制作实验的步骤有哪些？

综合注释 Comprehensive Notes

1. 豆腐的制作受到豆浆温度、浓度、pH 值、凝固剂种类等因素的影响。

“受到……的影响”，表示人的思想、行动或事物性质的改变受到了某些因素的作用。例如：

①细菌的生长受到温度的影响。

②食品的风味和品质受到食品加工过程的影响。

练习 改写句子。

（1）长时间高温加热会对牛乳色泽产生影响。

牛乳色泽受到________________的影响。

（2）温度影响果蔬贮藏质量。

果蔬贮藏质量受到______________的影响。

2. 黄豆和水的比例应为每 1000 g 黄豆加入 50—55 ℃的热水 4000 mL。

……的比例为……

形式结构　A 和 B 的比例为……

功能作用　表示数量之间的对比关系，“为”前可以加“应”“约”等。例如：

老豆腐和嫩豆腐的比例为 1∶1。

形式结构　A 的比例为……

功能作用　表示某一物质在一定范围内的量。例如：

使用卤水作为豆浆凝固剂时，加入卤水的比例为 0.8%—1.0%。

练习 根据提示，用“……的比例为……”完成句子。

（1）鸡蛋中水____。（约 65.5%）

（2）鸡蛋中蛋白质____。（约 11.8%）

3. 用稠度计测定豆浆浓度，浓度应不小于 11.0%。

“A 不小于 B”，表示“A ≥ B”。例如：

①黄豆浸泡过程中，pH 值应不小于 6.5。

②人体内蛋白质的含量应不小于 16.0%。

练习 **根据提示，用“A 不小于 B”完成句子。**

（1）一般来说，肉制品______________________________。（含水量　50.0%）

（2）制作豆腐时，黄豆______________________________。（浸泡时间　8 小时）

情景小对话 Situational Dialogue

做一做，说一说。

在实验室内分组演示豆腐制作的工艺流程，2 人一组，1 人负责操作，1 人负责为听众讲解，需要用到下面的词语和语法。

浸泡　磨碎　过滤　煮浆　点浆和凝固　压制　成品
（A）将/把 B + V 至 + 目标　受到……的影响　A 和 B 的比例为……

拓展阅读 Extended Reading

文人与豆腐的情怀①

历代文人歌颂(gēsòng)豆腐。自古以来，有许多文人学士(xuéshì)与豆腐结下了不解之缘(bùjiězhīyuán)。他们食豆腐、爱豆腐、歌颂豆腐，把豆腐推上了高雅的文学殿堂，留下了许多赞美豆腐的妙句佳篇。

陆游(Lù Yóu)②的诗中有“拭(shì)盘堆连展，洗釜煮黎祁(qí)”，这是对豆腐制作场景的描绘。宋代学者朱熹(Zhū Xī)③曾作《豆腐诗》云：“种豆豆苗稀(xī)，力竭(jié)心已苦。早知淮南(Huáinán)术，安坐获泉布。”诗中描述了农夫种豆的辛苦，如果早知道“淮南术”（制作豆腐的技术）的话，农夫就可以坐着获利聚财了（泉布即钱币）。北宋诗人苏东坡(Sū Dōngpō)诗曰：“煮豆作乳脂为酥，高烧油烛(yóuzhú)斟(zhēn)蜜酒(mìjiǔ)。”元代诗人郑允端(Zhèng Yǔnduān)④诗云：“种豆南山下，霜风老荚(jiá)鲜。磨砻(lóng)流玉乳，蒸煮结清泉。色比土酥(sū)净，香逾(yú)石髓(suǐ)坚。味之有余美，五食勿与传。”她的诗句写出了豆腐的色香味。

---

① 本文节选自《食品文化概论》，李文钊主编，中国轻工业出版社，2020 年版。有删改。

② 陆游（1125—1210）：字务观，号放翁，南宋时期文学家、史学家、爱国诗人。

③ 朱熹（1130—1200）：字元晦，世称晦庵先生，南宋时期理学家、哲学家、思想家。

④ 郑允端（1327—1356）：元代著名女诗人。

这些千古佳句表达了诗人对豆腐的喜爱。

根据文章内容，选择正确答案。

1. 文中提到的哪位诗人最早赞美了豆腐？

   A. 陆游　　B. 朱熹　　C. 苏东坡　　D. 郑允端

2. 元代诗人郑允端的诗描述了豆腐的什么特点？

   A. 色香味俱全　　B. 安坐获利聚财　　C. 五食勿与传　　D. 蒸煮适我口

11 第 11 课 肉制品加工实验流程

课文导读 Text Introduction

内容扫描： 本课介绍腊肠制作实验及其目的、实验原料和设备、实验步骤（选料—腌制—拌馅儿—灌制—漂洗—烘烤—晾挂）、质量评价。

语言点扫描： A 又称 B；配比为……；便于。

课文　腊肠制作实验

词语学习 Vocabulary 11–01

通用词语 Common Words and Phrases

1	腊肠	làcháng	名	dried sausage
2	配比	pèibǐ	名	ratio
3	调料	tiáoliào	名	seasoning
4	扎绳	zhāshéng	动	tie string
5	打结	dǎjié	动	tie a knot
6	漂洗	piǎoxǐ	动	rinse
7	戳	chuō	动/名	poke; stab/stamp
8	晾挂	liàngguà	动	air-dry and hang
9	良好	liánghǎo	形	good; well
10	乳白色	rǔbáisè	形	milky white
11	干爽	gānshuǎng	形	dry and comfortable
12	皱纹	zhòuwén	名	wrinkle
13	紧致	jǐnzhì	形	tight

专业词语 Specialized Vocabulary

1	切绞	qiējiǎo	动	mince and mix
2	亚硝酸盐	yàxiāosuānyán	名	nitrite
3	亚硝酸钠	yàxiāosuānnà	名	sodium nitrite
4	D–异抗坏血酸钠	D-yìkànghuàixuèsuānnà	名	D-sodium erythorbate
5	绞肉机	jiǎoròujī	名	meat grinder
6	台秤	táichèng	名	platform scale
7	案板	ànbǎn	名	chopping board
8	灌肠机	guànchángjī	名	sausage filler
9	烘干箱	hōnggānxiāng	名	drying oven
10	死结	sǐjié	名	dead knot
11	断面	duànmiàn	名	cross section

词语练习 Word Exercises

1. 根据词语写拼音。

干爽__________　　案板__________　　烘干箱__________

切绞__________　　晾挂__________　　灌肠机__________

配比__________　　紧致__________　　亚硝酸盐__________

2. 根据拼音写词语。

làcháng__________　　jǐnzhì__________　　pèibǐ__________

dǎjié__________　　zhòuwén__________　　piǎoxǐ__________

3. 选择搭配。

A. 腊肠　　B. 死结　　C. 肠衣

清洗__________　　加工__________　　打上__________

4. 在括号中填入合适的词语。

切绞　亚硝酸盐　漂洗　打上　配比　戳

（1）灌制后的腊肠需要通过（　　　　）除去肠衣表面污物。

（2）培养微生物的目的不同，原料的选择和（　　　　）就会不同。

（3）绞肉机能将肉类（　　　　）成丁。

（4）硝酸盐和（　　　　　）对腌肉制品的风味有很大影响。

（5）半成品荷叶鸡在加工时，只需要提前把材料解冻，在荷叶上（　　　　）几个洞，然后蒸煮 40 分钟，就变成了一道美食。

（6）腊肠肠衣的一端要（　　　　）死结。

走进课文 Text 11–02

一、实验简介与实验目的

中式香肠又称腊肠(làcháng)，指以肉类为主要原料，切绞(qiējiǎo)成丁(dīng)，配(pèi)以辅料(fǔliào)，灌入(guànrù)动物肠衣，经发酵、成熟干制而成的中国特色肉制品，是中国肉类制品中品种最多的一大类产品。牛肉、鸡肉、猪肉或它们的混合物都可以用来加工腊肠。

通过本实验，掌握腊肠制作的工艺流程，理解腌制过程中亚硝酸盐(yàxiāosuānyán)的发色机制，了解添加食盐、亚硝酸钠对微生物的抑制作用，了解腊肠的成熟干制过程。

二、实验原料和设备

1. 实验原料：肉类（牛肉、鸡肉、猪肉或混合肉类）、肠衣、食盐、亚硝酸钠、D–异抗坏血酸钠(yìkànghuàixuèsuānnà)、蔗糖(zhètáng)、白酒。

2. 实验设备：绞肉机、台秤、天平、案板、刀具、不锈钢罐、拌馅儿机、灌肠机、烘干箱。

三、实验步骤

1. 选料：选用去皮、无骨、无血块的肉块，瘦肉和肥肉的比例应为 7 : 3。用温水浸泡、清洗肠衣，沥干水分，将肠衣一端打上死结。

2. 腌制：将食盐、亚硝酸钠、D–异抗坏血酸钠、蔗糖、白酒加入肉中腌制，配比为瘦肉 700 g，肥肉 300 g，60 度的白酒 25 g，亚硝酸钠 0.5 g，食盐 20 g，蔗糖 60 g，D–异抗坏血酸钠 1 g。

3. 拌馅儿：将腌制好的肉放到拌馅儿机中，适度搅拌，使肉与调料充分混合，拌好后静置。

4. 灌制：将搅拌好的肉馅儿用灌肠机灌入肠衣内，并分节扎绳打结。

5. 漂洗：将灌制完成的腊肠放入温水中，漂洗几次，洗去肠衣表面污物。然后用细针戳（chuō）洞，便于排出腊肠内的水分和空气。

6. 烘烤：将漂洗后的腊肠放入烘干箱进行烘烤，烘烤温度为 50—60 ℃，每烘烤 6 小时，应调换一次方向，以使腊肠受热均匀。烘烤 48 小时后，烘制完成。

7. 晾挂：将烘烤后的腊肠放到通风良好的场所，悬挂晾晒直至成熟。

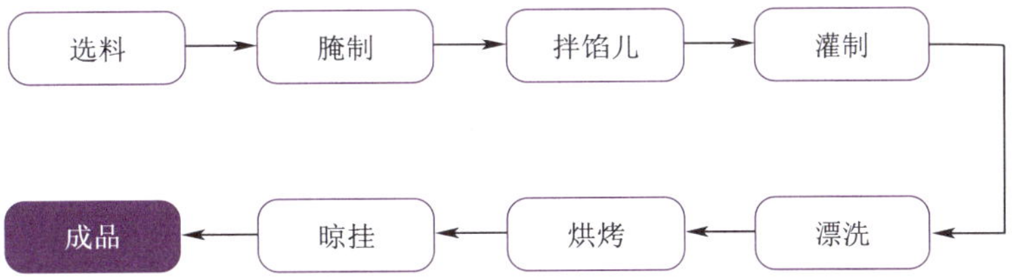

图 11-1　腊肠制作工艺流程图

四、质量评价

1. 感官标准：瘦肉呈鲜红、枣红或玫红色，肥肉呈乳白色，肠体干爽，形状为圆柱形，表面有自然皱纹，断面肉质紧致。

2. 理化标准：蛋白质≥ 22%，脂肪≤ 35%，水分≤ 25%，食盐（以氯化钠计）≤ 8%，糖分≤ 20%，酸价≤ 4 mgKOH/g，亚硝酸盐≤ 20 mg/kg。

课文问答 Questions about the Text

理解课文，回答下面的问题。

（1）可以用来加工腊肠的肉有哪几种？

（2）制作腊肠的实验步骤有哪些？

（3）腌制腊肠时，各种配料的配比是多少？

综合注释 Comprehensive Notes

1. 中式香肠又称腊肠。

“A 又称 B”，表示“B”是“A”的另一种名称。例如：

①固体二氧化碳又称干冰。

②亚硝酸盐又称工业盐。

练习 根据表格内容，完成句子。

物品	别称
马铃薯	土豆
饺子	扁食

（1）马铃薯又称____________________。

（2）____________________又称扁食。

2. 将食盐、亚硝酸钠、D–异抗坏血酸钠、蔗糖、白酒加入肉中腌制，配比为瘦肉 700 g，肥肉 300 g，60 度的白酒 25 g，亚硝酸钠 0.5 g，食盐 20 g，蔗糖 60 g，D–异抗坏血酸钠 1 g。

“配比为……”，表示几种不同原料配合的比例。例如：

①将黄豆和水加入磨浆机中磨碎，配比为黄豆 1000 g，50—55 ℃的热水 4000 mL。

②在 –25 ℃的温度下，冰盐混合物中冰（或雪）、食盐、氯化铵的质量配比为 5 : 2 : 1。

练习 根据表格内容，完成句子。

温度	冰盐混合物成分	质量配比
−20 ℃	冰或雪、食盐	2 : 1
−30 ℃	冰或雪、硫酸	3 : 2

（1）在 –20 ℃的温度下，冰盐混合物中冰（或雪）、食盐的____________________。

（2）在 –30 ℃的温度下，冰盐混合物中冰（或雪）、硫酸的____________________。

3. 用细针戳洞，便于排出腊肠内的水分和空气。

“便于”，表示比较容易（做某事）。例如：

①香肠具有方便性，便于食用。

②将酶制成固体酶制剂，便于保存和运输。

练习 根据语境和提示，用“便于”完成句子。

（1）一般要求食品大小适宜，________________________________。（拿取）

（2）在果蔬还没有成熟时采收，____________________________。（运输　保藏）

● 情景小对话 Situational Dialogue

做一做，说一说。

在实验室内分组演示腊肠制作的工艺流程，3 人一组，2 人负责操作，1 人负责为听众讲解，需要用到下面的词语和语法。

选料　腌制　拌馅儿　灌制　漂洗　烘烤　晾挂　成品
使 A 与 B 充分混合　（A）将/把 B + V 到 + 地方　便于……

拓展阅读 Extended Reading

火与熟食①

人类自从偶然发现在被雷电袭击后的森林中野兽被烧后会产生特有的香味，嚼食(jiáoshí)后肉质酥烂(sūlàn)，就保留火源，开始了熟食生活。后来人类又发明了钻木取火(zuānmù-qǔhuǒ)和击(jī)石取火的方法，开始了长期的熟食生活。人类从生食到熟食，被认为是一个极大的历史进步，同时，也伴随着人类寿命的大大延长。

肉的熟制目标主要有两个：一是为了杀灭微生物，保证饮食安全；二是为了调和风味，丰富口感，创造美食。与生食相比，消化熟食会更容易一些。动物实验证明，熟食可以减少动物消化吸收食物所消耗的能量。

那么人类在使用火之前，是如何烹饪(pēngrèn)食物的呢？《礼记·礼运》中提到：“未有火化，食草木之实，鸟兽之肉，饮其血，茹(rú)其毛。未有麻丝，衣其羽皮。”《韩非子·五蠹(dù)》也有提及：“上古之世，人民少而禽兽(qínshòu)众，人民不胜禽兽虫蛇……民食果蓏蚌蛤(guǒ luǒ bàng há)，腥臊恶臭(xīngsāo èchòu)，而伤害腹胃，民多疾病。”可以看出，上古时代

① 本文节选自《食品文化概论》，李文钊主编，中国轻工业出版社，2020 年版。有删改。

的人不会使用火来烹饪食物，只能生食，因此产生多种疾病。正是由于火的使用，人类在饮食上产生了生与熟的划时代进步。

根据文章内容，回答问题。

1. 肉的熟制目标主要有几个？分别是什么？
2. 上古时代，人们的饮食生活状况是什么样的？

12 第 12 课
果蔬制品工艺学实验流程

课文导读 Text Introduction

内容扫描： 本课介绍盐渍菜制作实验及其目的、实验原料和设备、实验步骤（原料预处理—蔬菜脱盐—调味液调制—调味—装袋、封口—杀菌）、质量评价。

语言点扫描： 既（是）……又（是）……；易于；按照……配方。

课文　盐渍菜制作实验

词语学习 Vocabulary 12–01

通用词语 Common Words and Phrases

1	成本	chéngběn	名	cost
2	低廉	dīlián	形	low-priced
3	下饭	xiàfàn	动	go well with rice
4	尼龙	nílóng	名	nylon
5	砂糖	shātáng	名	granulated sugar
6	香油	xiāngyóu	名	sesame oil
7	味精	wèijīng	名	monosodium glutamate

专业词语 Specialized Vocabulary

1	调味液	tiáowèiyè	名	seasoning liquid
2	砧板	zhēnbǎn	名	cutting board

3	聚乙烯袋	jùyǐxīdài	名	polyethylene bag
4	配方	pèifāng	名	formula; recipe
5	封口	fēngkǒu	动	seal
6	霉斑	méibān	名	mold spot
7	薄膜	báomó	名	thin film
8	总砷	zǒngshēn	名	total arsenic
9	钠盐	nàyán	名	sodium salt

词语练习 Word Exercises

1. 根据词语写拼音。

成本________　配方________　封口________

低廉________　香油________　味精________

2. 根据拼音写词语。

tiáowèiyè________　nàyán________　fēngkǒu________

xiāngyóu________　chéngběn________　xiàfàn________

3. 选择搭配。

A. 保存　B. 蔬菜　C. 低廉　D. 食品

腌制________　成本________　易于________　下饭________

4. 在括号中填入合适的词语。

成本低廉　揉搓　盐渍

（1）鱼肉（　　　）时，肉的水分和重量会发生变化。

（2）自然干燥利用自然条件进行干燥，方法简单，（　　　）。

（3）在蔬菜腌制过程中，预腌制后需要进行手工（　　　）。

走进课文 Text 12-02

一、实验简介与实验目的

腌制蔬菜既是一种食品加工方法，又是一种食品贮藏方法。腌菜加工简易，成本低廉，产品易于保存，是人们餐桌上不可或缺的下饭食品。本实验要求掌握盐渍菜的制作方法，理解盐渍菜的加工及保藏原理。

二、实验原料和设备

1. 实验原料：萝卜或黄瓜 500 g，盐 187.5 g，调味液 450 mL。

2. 实验设备：菜刀、砧板（zhēnbǎn）、尼龙（nílóng）蒸煮袋、不锈钢器具和容器、聚乙烯袋（jùyǐxīdài）。

三、实验步骤

1. 原料预处理：清洗萝卜或黄瓜，并用盐预腌制 2 天，盐的重量为萝卜或黄瓜重量的 12.0%。预腌制后，手工揉搓，盖上重物，静置 8 小时以上，脱水后用盐再次腌制 10 天，盐的重量为萝卜或黄瓜重量的 25.0%。

2. 蔬菜脱盐：萝卜或黄瓜切成 1—2 cm 厚的圆片，在流水中脱盐，直到无明显咸味。

3. 调味液调制。按照以下配方调制调味液：水 200 mL，砂糖 50 g，酱油 100 mL，香油 5 mL，辣椒油 10 mL，味精 5 g，醋 50 mL。

4. 调味：挤压去掉盐渍蔬菜中的水分，将调味液与萝卜或黄瓜充分搅拌混合。

5. 装袋、封口：用 150 g 的尼龙蒸煮袋进行包装。

6. 杀菌：水浴杀菌，用 95 ℃的热水持续浸泡 10—15 分钟，进行杀菌，再冷却到室温。

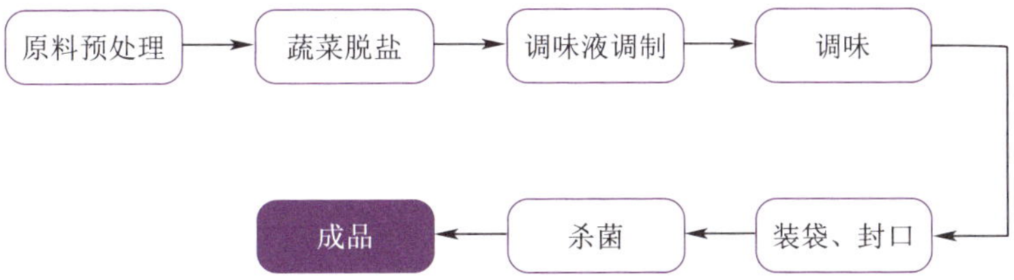

图 12-1　盐渍菜制作工艺流程图

四、质量评价

1. 感官标准：腌制后的萝卜或黄瓜应无辛辣、苦、涩气味，带有腌菜特有的鲜香气味，无不良气味，无霉斑，无白色薄膜。

2. 理化标准：亚硝酸盐≤ 20.0 mg/kg，总砷（shēn）≤ 0.5 mg/kg，钠盐≤ 0.5 g/kg。

课文问答 Questions about the Text

理解课文，回答下面的问题。

（1）腌菜有哪些优点？

（2）盐渍菜的制作步骤有哪些？

（3）腌制后的萝卜或黄瓜应该有什么味道？

综合注释 Comprehensive Notes

1. 腌制蔬菜既是一种食品加工方法，又是一种食品贮藏方法。

既（是）……，又（是）……

形式结构　S + 既（是）A，又（是）B

功能作用　表示某事物同时具有两个方面的性质或情况，前后并列。例如：

①蜂蜜水既是饮品，又是营养品。

②酶既是代谢的产物，又是影响代谢的因素。

练习 根据表格内容，完成句子。

物质/状态	性质 1	性质 2
蛋白质	身体组成部分	体内重要的生理活性物质
高温	抑制细菌生长	杀死病毒

（1）蛋白质既是____________，又是________________。

（2）高温既______________，又__________________。

2. 腌菜加工简易，成本低廉，产品易于保存。

"易于"，表示容易或可能性很大。常用于书面语中。例如：

①鱼类易于腐败变质。

②醋能使人体易于吸收食物中的钙和铁。

练习 连线，并用"易于"完成句子。

葡萄糖在高温条件下	失活
酶在湿热条件下	分解

（1）葡萄糖在高温条件下____________________________。

（2）酶在湿热条件下______________________________。

3. 按照以下配方调制调味液：水 200 mL，砂糖 50 g，酱油 100 mL，香油 5 mL，辣椒油 10 mL，味精 5 g，醋 50 mL。

“按照……配方”，表示根据某种方法或配比来制作某种物质。例如：

①早餐店的包子是按照固定配方做成的。

②按照以下配方腌制腊肠：瘦肉 700 g，肥肉 300 g，60 度的白酒 25 g，亚硝酸钠 0.5 g，食盐 20 g，蔗糖 60 g，D−异抗坏血酸钠 1 g。

练习　根据语境和提示，完成句子。

（1）不同风味的香肠是______________________________。（不同的配方）

（2）他家的豆腐是______________________________：黄豆或黑豆 250 g、水 2600 g、醋 30 g、盐 5 g。（按照……配方）

情景小对话 Situational Dialogue

做一做，说一说。

在实验室内分组演示盐渍菜制作的工艺流程，2 人一组，1 人负责操作，1 人负责为听众讲解，需要用到下面的词语和语法。

预处理	脱盐	调制	腌制	封口	杀菌	成品
既（是）……，又（是）……		易于		按照……配方		

拓展阅读 Extended Reading

苏东坡的“三白饭”

苏东坡生性幽默诙谐（huīxié），他以“三白饭”飨（xiǎng）友的故事是北宋时期的一段饮食佳话。朱弁（Zhū Biàn）[①]《曲洧旧闻》（Qūwěi Jiùwén）[②]卷六记载：“东坡尝与刘贡父言：‘某与舍弟习制科（zhìkē）时，日享三白，食之甚美，不复信世间有八珍也。’贡父问三白，答曰：‘一撮盐，

---

① 朱弁（1085—1144）：字少章，号观如居士，南宋文学家。

② 《曲洧旧闻》：南宋朱弁撰写的笔记。

一碟生萝卜，一碗饭，乃三白也。’”“三白”原来是用生萝卜就盐佐饭，逗得贡父大笑不止。

过了一些日子，刘贡父派人送请帖(qǐngtiě)，请苏东坡吃“皛(xiǎo)饭”。东坡以为“皛饭”一定出自什么典故，于是欣然前往。到了刘家一看，食案上只有萝卜、盐和米饭，这才明白贡父是以“三白”的旧事开玩笑，“皛者三白也”。竹箸(zhù)翻飞间，倒真将粗茶(cūchá)淡饭(dànfàn)吃出珍馐(zhēnxiū)滋味(zīwèi)。

告别刘贡父回府时，东坡也向贡父发出了邀请：“明日请到我家来，当准备毳(cuì)饭招待。”贡父明知是戏言，只是不解“毳饭”究竟为何物，次日还是兴冲冲地到了苏府。二人见面，谈笑许久，过了中午，还不见设食。待贡父饥肠辘辘地追问时，东坡慢捋长髯(rán)：“盐也毛，萝卜也毛，饭也毛——三毛为毳。”川音袅袅中，“毛”即“无”的谐音，惹得贡父捧腹(pěngfù)大笑(dàxiào)。不过东坡随后还是摆出早已准备好的筵席(yánxí)，二人酒觞(jiǔshāng)交错(jiāocuò)间，尽显文人雅趣。

这般饮食游戏，恰似东坡故里——眉山的盐渍泡菜，在平凡中酿出隽永(juànyǒng)滋味，彰显出东坡化俗为雅的生活美学。

根据文章内容，回答问题。

1. 文章中的“三白”指什么？
2. 东坡在得知贡父是以“三白”的旧事开玩笑后，他的反应是怎样的？
3. 东坡和刘贡父的“毳饭”玩笑揭示了他们之间什么样的关系？

第四单元

食品文化

第 13 课　食稻米的历史	课文　稻米的发展	拓展阅读 中国水稻栽培的万年史诗
第 14 课　多姿多彩的传统民族乳制品	课文　多姿多彩的传统民族乳制品	拓展阅读 清代紫禁城的“饽饽局”
第 15 课　肉食加工与人类文明	课文　肉食加工与人类文明	拓展阅读 节气习俗——大雪
第 16 课　药食同源：传统药膳食品的魅力	课文 1　流体类药膳 课文 2　半流体类药膳	拓展阅读 药食文化的历史演变

13 第 13 课 食稻米的历史

课文导读 Text Introduction

内容扫描： 中国是世界上栽培水稻历史最悠久的国家。如今，中国的水稻种植有了哪些新发展，一起来了解一下吧。

语言点扫描： 起源于；追溯到；距今约……年；……，乃至……；意味着；归功于；更令人……的是；没有停下……的脚步。

课文 稻米的发展

词语学习 Vocabulary 13–01

- 通用词语 Common Words and Phrases

1	稻米	dàomǐ	名	rice
2	水稻	shuǐdào	名	paddy rice; rice plant
3	谷物	gǔwù	名	grain
4	草本	cǎoběn	形/名	herbaceous/herb
5	种植	zhòngzhí	动	plant; grow
6	面积	miànjī	名	area
7	产量	chǎnliàng	名	output
8	联合国	Liánhéguó	名	United Nations (UN)
9	栽培	zāipéi	动	cultivate
10	起源	qǐyuán	动/名	originate/origin
11	追溯	zhuīsù	动	trace back
12	联合	liánhé	动	unite

13	考古	kǎogǔ	动/名	engage in archaeological studies/archaeology
14	距今	jù jīn		up to now
15	传播	chuánbō	动	spread
16	问世	wènshì	动	come into being
17	振奋	zhènfèn	动/形	inspire/cheering
18	院士	yuànshì	名	academician
19	授予	shòuyǔ	动	confer
20	敬佩	jìngpèi	动	admire
21	简直	jiǎnzhí	副	simply; practically

专业词语 Specialized Vocabulary

1	脱壳	tuōké	动	husk; remove the husks
2	酿酒	niàngjiǔ	动	brew; make wine
3	饴糖	yítáng	名	maltose
4	亩产	mǔ chǎn		yield per mu (mu is a traditional Chinese unit of area, 1 mu ≈ 666.7 square meters)
5	杂交	zájiāo	动	hybridize

词语练习 Word Exercises

1. 根据词语写拼音。

稻米__________　　起源__________　　简直__________

种植__________　　问世__________　　杂交__________

栽培__________　　敬佩__________　　酿酒__________

2. 根据拼音写词语。

gǔwù__________　　zhènfèn__________　　tuōké__________

miànjī__________　　shòuyǔ__________　　chuánbō__________

3. 选择搭配。

A. 水稻　　B. 敬佩　　C. 悠久　　D. 勋章

种植______　　历史______　　令人______　　授予______

4. 在括号中填入合适的词语。

种植	酿酒	栽培	联合	传播	振奋	距今	简直

（1）在食品杀菌过程中，压力、热处理常（　　　　）使用。

（2）中国的豆腐、面条儿和馒头的加工技术（　　　　）到了世界各国。

（3）腌菜的出现（　　　　）约 3000 年。

（4）稻谷是最重要的粮食之一，（　　　　）面积广阔。

（5）很多酵母可以用来（　　　　），也可以用在面包发酵过程中。

（6）水稻新品种的产量检测结果令人（　　　　）。

（7）食品加工技术的发展速度（　　　　）太快了。

（8）大约 18000—14000 年前，人们已经开始（　　　　）稻谷了。

走进课文 Text 13-02

稻米也叫稻或水稻，是一种可食用的谷物，一年生草本植物，性喜温湿，中国南方俗称其为“稻谷”或“谷子”，脱壳的粮食是大米。大米煮熟后称米饭、白米饭或白饭。稻米是中国的主要粮食作物之一，具有悠久的种植历史，种植面积广阔。稻米不仅是食粮，同时还可以作为酿酒、制造(zhìzào)饴糖(yítáng)的原料。全世界有一半以上的人口食用稻米，主要分布在亚洲(Yàzhōu)、欧洲(Ōuzhōu)南部、热带(rèdài)美洲(Měizhōu)及非洲(Fēizhōu)部分地区。稻米的总产量居世界粮食作物产量的第三位，低于玉米和小麦，但能维持较多人口的生活，联合国规定 2004 年为“国际稻米年”。大米的营养价值很高，碳水化合物含量为 75% 左右，水分含量为 14% 左右，蛋白质含量为 7.0%—8.0%，脂肪含量为 1.3%—1.8%，还有少量的矿物质和维生素等。

图 13-1　水稻

稻的栽培起源于中国湖南，其历史可追溯到公元前 16000 年—公元前 12000 年。1993 年，中美联合考古队在道县玉蟾岩[①]发现了世界最早的古栽培稻，距今约 18000—14000 年。水稻在中国广为栽种后，逐渐向西传播到印度，中世纪引入欧洲南部。

1973 年，亩产达到上千斤的杂交水稻问世，全中国乃至全世界都为之振奋，这意味着中国人可以在有限的耕地上种出能够养活更多人的水稻，还可以帮助世界范围内很多吃不饱的人。杂交水稻被人们称为“东方(dōngfāng)魔稻(módào)”，这些伟大的成就要归功于袁隆平(Yuán Lóngpíng)[②]院士(yuànshì)和他的科研团队。2019 年 9 月 17 日，袁隆平院士被授予“共和国(gònghéguó)勋章(xūnzhāng)”，袁老也成为世界公认的“杂交水稻之父”。更令人敬佩(jìngpèi)的是，杂交水稻问世之后，袁老并没有停下科研的脚步，又开始研究如何在海水里种水稻，如何在沙漠里种水稻，后来他和他的团队成功地把海水稻种在了迪拜(Díbài)的沙漠地区。以前，在沙漠种植水稻简直是天方夜谭(tiānfāng-yètán)，但是袁老和他的团队做到了。

● 课文问答 Questions about the Text

理解课文，回答下面的问题。

（1）稻米的用途有哪些？

（2）稻的栽培起源于哪里？可追溯到什么时候？

---

① 玉蟾岩（Yùchán Yán）：an ancient site。

② 袁隆平（1930—2021）：著名农业科学家，中国杂交水稻事业的开创者和领导者，“共和国勋章”（Medal of the Republic）获得者，中国工程院院士，被誉为“杂交水稻之父”（Father of Hybrid Rice）。

（3）袁隆平院士研究出了什么水稻？

综合注释 Comprehensive Notes

1. 稻的栽培起源于中国湖南，其历史可追溯到公元前 16000 年—公元前 12000 年。

“起源于”，表示开始发生，常用于表达事物产生的根源。例如：

①一般认为豆腐起源于汉代。

②中国的面条起源于汉代。

练习 根据语境和提示，用“起源于”完成句子。

（1）食品加工________________________________。（原始社会　明火加热）

（2）茶____。（中国）

2. 稻的栽培起源于中国湖南，其历史可追溯到公元前 16000—前 12000 年。

“追溯到”，表示探求事物产生的根源。例如：

①中国人制饴糖的历史可以追溯到 3000 年前。

②中国腊肠的起源可以追溯到南北朝以前。

练习 根据语境和提示，用“追溯到”完成句子。

（1）豆腐的起源可以______________________________。（两千多年前）

（2）馒头的历史可以________________________________。（三国时期）

3. 中美联合考古队在道县玉蟾岩发现了世界最早的古栽培稻，距今约 18000—14000 年。

“距今约……年”，表示某个事物的产生或出现到现在大约有多少年，常用在历史事件或文物研究中。例如：

①酱菜的出现距今约 2000 年。

②相传，包子由诸葛亮发明，距今约 1800 年。

练习 根据语境和提示，用“距今约……年”完成句子。

（1）______________________________，原始农业出现。（1 万）

（2）生活在____________________的元谋人已经知道使用火。（170 万）

4. 1973 年，亩产达到上千斤的杂交水稻问世，全中国乃至全世界都为之振奋。

“……，乃至……”，递进复句。“乃至”即“甚至”，其后成分的意思比前面的更进一层。例如：

①他的脸色、眼神，乃至一举一动，都被别人看得清清楚楚。

②他熟悉北京，也熟悉巴黎，乃至全世界。

练习 用“……，乃至……”造句。

（1）________________

（2）________________

5. 1973年，亩产达到上千斤的杂交水稻问世，这意味着中国人可以在有限的耕地上种出能够养活更多人的水稻。

“意味着”，意思是“含有某种意义”，多用于书面语中。例如：

①全世界有一半以上的人口食用稻米，这意味着稻米的栽培非常重要。

②蛋白质是生命活动的主要承担者，这意味着没有蛋白质就没有生命。

练习 连线并完成句子。

两百多年前，罐藏法出现	更多人可以吃饱饭
袁老成功在沙漠里种植水稻	食品能够长时间储藏

（1）两百多年前，罐藏法出现，这意味着________________。

（2）袁老成功将水稻种植在沙漠里，这意味着________________。

6. 这些伟大的成就要归功于袁隆平院士和他的科研团队。

“归功于”，表示把成就或某件事的成功归于某人、某事物或某一集体。例如：

①食物的多样化归功于食品加工行业的兴盛。

②这场演出的成功归功于导演的精心策划和演员们的出色表演。

练习 用“归功于”改写下面的句子。

（1）两百多年前，蒸汽机的发明极大地促进了工业文明的开启。

工业文明的开启，主要________________。

（2）亚历山大·格拉汉姆·贝尔发明了电话。

电话的出现要________________。

7. 更令人敬佩的是，杂交水稻问世之后，袁老并没有停下科研的脚步。

“更令人……的是”，常用于书面语中，表示下文的人或事使人的感受更加强烈，“令人”后加表示心理活动的动词。例如：

①更令人震惊的是，袁老和他的团队成功地把海水稻种在了迪拜的沙漠地区。

②更令人担心的是，新品种水稻的栽培出现了问题。

练习 选词填空。

A. 感动　　B. 激动

（1）更令人______的是，他用稻米酿酒的实验成功了。

（2）更令人______的是，中国人种出的水稻帮助了世界范围内很多吃不饱饭的人。

8. 杂交水稻问世之后，袁老并没有停下科研的脚步。

“没有停下……的脚步”，表示在遇到困难或达到某个阶段的成功之后继续做某件事。例如：

①虽然登山途中遇到很多困难，但他没有停下攀登的脚步。

②屠呦呦成功提取青蒿素之后，并没有停下研究的脚步。

练习 根据语境和提示，用“没有停下……的脚步”完成句子。

（1）“嫦娥三号”圆满完成落月任务后，我们______________________________。（探索）

（2）在迷茫中，他们____。（寻找答案）

情景小对话 Situational Dialogue

做一做，说一说。

以“一粒大米的旅行”为主题，制作一张海报并为大家讲解，海报需展示稻米的历史、传播和现状。

汉字学习 Chinese Character Learning

汉字小课堂 Chinese Character Classroom

甲骨文： 禾（垂穗的禾本农作物）

甲骨文： 稻（上面像稻穗，下面像装稻米的容器）

稻

拼　音 dào

构　造 形声字，左边形旁“禾”代表禾苗，右边“舀”是声旁。本义是水稻。

合成词 水稻、稻米、稻谷。

种

拼　音　zhǒng、zhòng

构　造　形声字，左边形旁“禾”代表禾苗，右边“中”是声旁。本义是早种晚熟的谷物。用作动词时读 zhòng，表示种植、耕种。

合成词　种（zhǒng）类、品种（zhǒng）、种（zhòng）植、栽种（zhòng）。

秫

拼　音　shú

构　造　形声字，左边形旁“禾”代表禾苗，右边“术”是声旁。本义是高粱。

合成词　秫稻。

● 写汉字 Character Writing

稻	稻	稻	稻	稻	稻	稻	稻	稻	稻
种	种	种	种	种	种	种	种	种	种
秫	秫	秫	秫	秫	秫	秫	秫	秫	秫

拓展阅读 Extended Reading

中国水稻栽培的万年史诗

中国是世界水稻的原产地，中国的水稻栽培历史通过考古发现与文献记载不断追溯至更久远的年代。

新石器时代考古实证将中国稻作起源推至史前时期。距今约 7000 年的河姆渡遗址出土了丰富的稻谷遗存，包含籼粳（xiān jīng）分化的稻谷、耕作工具及灌溉系统等，率先将中国稻作文化历史推进到 7000 年前。在浙江上山遗址发现的碳化籼型稻粒，以及湖南玉蟾岩遗址出土的距今约 18000—14000 年的古栽培稻，将人类栽培水稻的历史追溯至万年前。

商周时期的文献佐证了稻作体系的成熟化发展。殷墟甲骨文中已出现“稻”“稴（xián）”“秔（jīng）”三字，这里的“稻”和“稴”指籼稻，“秔”指粳稻。

区域性考古发现重构了稻作传播路径。除长江流域外，河南贾湖遗址（距今约 9000—7500 年）、安徽尉迟寺（Yùchí Sì）遗址（距今约 5000 年）等黄河流域遗址相继出土碳化稻谷，揭示史前稻作北传已达北纬 34 度区域。

根据文章内容，回答问题。

1. 哪些遗址的考古发现将人类栽培水稻的历史追溯到万年前？
2. 商周时期殷墟甲骨文中出现的“稻”“穛”“秔”三字，指现代稻种的哪些类型？
3. 除了长江流域外，还有哪些地方出土了碳化稻谷？这说明了什么？

14 第14课
多姿多彩的传统民族乳制品

课文导读 Text Introduction

内容扫描： 中国的传统乳制品丰富多样，内蒙古、西藏、新疆等地的少数民族将乳制品作为主要食品。传统民族乳制品制作方法简单，营养价值高，又别具风味，深受人们的喜爱。

语言点扫描： 独具……特色；具有……之称。

课文　多姿多彩的传统民族乳制品

词语学习 Vocabulary 14–01

● 通用词语 Common Words and Phrases

1	宫廷	gōngtíng	名	palace
2	内蒙古	Nèiměnggǔ	名	Inner Mongolia
3	西藏	Xīzàng	名	Xizang
4	新疆	Xīnjiāng	名	Xinjiang
5	男女老少	nánnǚ lǎoshào		people of all ages and genders
6	白嫩	báinèn	形	white and tender
7	润滑	rùnhuá	形	smooth
8	绵软	miánruǎn	形	soft
9	奶香四溢	nǎixiāngsìyì		overflowing with milky aroma
10	双重	shuāngchóng	形	double
11	享受	xiǎngshòu	动/名	enjoy/enjoyment

专业词语 Specialized Vocabulary

1	马奶酒	mǎnǎijiǔ	名	kumiss (a traditional beverage)
2	双皮奶	shuāngpínǎi	名	double-layer steamed milk custard
3	酥油	sūyóu	名	butter
4	奶豆腐	nǎidòufu	名	milk curd
5	奶疙瘩	nǎigēda	名	milk curd nuggets
6	无添加	wú tiānjiā		no additives

词语练习 Word Exercises

1. 根据词语写拼音。

享受__________　　奶疙瘩__________　　马奶酒__________

白嫩__________　　双皮奶__________　　男女老少__________

酥油__________　　奶豆腐__________　　奶香四溢__________

2. 根据拼音写词语。

gōngtíng__________　　xiǎngshòu__________　　Nèiměnggǔ__________

rùnhuá__________　　wú tiānjiā__________　　Xīnjiāng__________

3. 选择搭配。

A. 生活　　B. 四溢　　C. 老少　　D. 润滑

奶香__________　　男女__________　　白嫩__________　　享受__________

4. 在括号中填入合适的词语。

无添加　双重　享受

（1）天然（　　　）的食品不会对人们的身体造成伤害。

（2）食品的外观和风味能满足人们（　　　）美食的需求。

（3）气调贮藏包括冷藏和气调的（　　　）作用。

走进课文 Text 14-02

中国的传统乳制品丰富多样，其中宫廷奶酪、马奶酒、双皮奶等至今仍受人们喜爱。根据产品流行的地域或民族的不同，传统乳制品一般分为宫廷乳制品、西部和北部乳制品、云南地区乳制品和广东地区乳制品等。

中国内蒙古、西藏、新疆等地的少数民族将乳制品作为主要食品。藏族的酥油，蒙古族的奶皮子、奶豆腐等，新疆的奶疙瘩、酸马乳等独具民族特色的乳制品如今已受到各民族的广泛喜爱。天然无添加的酸奶，风味十足，男女老少都喜欢；白嫩(báinèn)润滑(rùnhuá)的奶豆腐，绵软(miánruǎn)香甜，奶香四溢(nǎixiāngsìyì)；热乎乎的泡着奶皮子的奶茶，两种口感，双重享受；还有具有“乳品黄金”之称的奶疙瘩……

中国传统民族乳制品制作方法简单，营养价值高，又别具风味，深受人们的喜爱。

课文问答 Questions about the Text

理解课文，回答下面的问题。

（1）受人们喜爱的乳制品有哪些？

（2）传统乳制品一般分为哪些种类？

（3）“奶疙瘩”有什么别称？

综合注释 Comprehensive Notes

1. 独具民族特色的乳制品

“独具……特色”，突出事物某种独特的色彩、风格。例如：

①北京四合院是北京的标志性建筑之一，独具中国文化特色。

②客家豆腐独具地方特色。

练习 根据语境和提示，用“独具……特色”完成句子。

（1）酥油茶是____________________________的食品。（藏族文化）

（2）中国走出了一条____________________________的工业化道路。（中国）

2. 具有**“乳品黄金”**之称的奶疙瘩

“具有……之称”，表示具有某种称号。例如：

①北京烤鸭具有“天下美味”之称。

②兰州牛肉面被认为是三大中式快餐之一，具有“中华第一面”之称。

练习 **根据语境和提示，用“具有……之称”完成句子。**

（1）西安羊肉泡馍______________________________。（陕西名食“总代表”）

（2）蓝莓______________________________________。（黄金浆果）

课堂活动 Classroom Activities

☆ **说一说，写一写**

运用本课所学的词语和语法，从下列乳制品中挑选一种，讲讲它的特色和营养价值，并写一篇 100 字左右的作文。（酸奶、奶皮子、奶豆腐、奶疙瘩）

汉字学习 Chinese Character Learning

汉字小课堂 Chinese Character Classroom

甲骨文：乳（本义是用乳房哺育孩子）

乳

拼　音　rǔ

构　造　会意字，左边“孚”代表手抚幼子，右边“乚”是人形的减省。本义是哺育孩子，引申为乳汁。

合成词　乳糖、乳酸、乳制品、凝乳、胚乳、生乳。

写汉字 Character Writing

乳 乳 乳 乳 乳 乳 乳 乳 乳 乳

拓展阅读 Extended Reading

清代(Qīngdài)紫禁(Zǐjìn)城(Chéng)① 的“饽饽(bōbo)局”②

清代是民族饮食再次高度融合的时期，那时的人们对于奶食早已不再陌生。为保障(bǎozhàng)皇室乳制品供给，清廷在紫禁城外组建了三旗牛羊群牧处、庆丰司等机构，并按照皇室成员的地位配给奶牛数量。清朝时期，北京是政治、经济、文化中心，出现了以乳、奶油为主要材料制作的食品，如奶油八件、奶油三台、奶乌突、奶酒、奶酪、酪干及奶卷等，这些乳制品的做法有的已失传，只有奶酪、酪干及奶卷等的做法流传下来。同时，一些制作精美的奶制品，如奶油饽饽、奶戳(chuō)子、奶油栗(lì)子等，很早就成为达官(dáguān)贵人(guìrén)所享用的宫廷奶点。

清廷奶点包括奶油类、蛋白类、奶点类、乳制冷饮类和点缀类等五大类几十个品种。清廷奶点在清末发展到高峰，慈禧(Cíxǐ)太后(Tàihòu)懿旨(yìzhǐ)设立的紫禁城西厨房共五个，其中有个局就叫“饽饽局”，是专门制作乳制品的内廷机构。

根据文章内容，判断正误。

1. (　　　　) 清朝时期，在北京出现了许多以乳、奶油为主要材料制作的食品。
2. (　　　　) 清朝时期，北京的达官贵人所享用的宫廷奶点有奶油饽饽、奶戳子、奶油栗子等。
3. (　　　　) 清廷奶点共有五大类几十个品种，包括奶油类、蛋白类、奶点类、乳制冷饮类和点缀类。

① 紫禁城：Forbidden City，即北京故宫（Imperial Palace），中国明清两代的皇家宫殿。
② 本文节选自《食品文化概论》，李文钊主编，中国轻工业出版社，2020 年版。有删改。

15 第 15 课 肉食加工与人类文明

课文导读 Text Introduction

内容扫描： 人类食肉的历史或许可以追溯到 250 万年前。随着气候变化及动植物的进化演变，人类消化器官的结构与功能发生了显著改变，人类从肉类食物中摄取高质量的蛋白质，促进了大脑的发育，语言和社交能力也有显著提高。可以说，肉制品的起源和发展与人类文明并行。

语言点扫描： A 与 B 并行；称得上；× 于；随着……的兴起；× 化。

课文　肉食加工与人类文明

词语学习 Vocabulary 15–01

• 通用词语 Common Words and Phrases

1	气候	qìhòu	名	climate
2	进化	jìnhuà	动	evolve
3	演变	yǎnbiàn	动	evolve
4	显著	xiǎnzhù	形	significant
5	萎缩	wěisuō	动	atrophy
6	撕	sī	动	tear; rip
7	捕猎	bǔliè	动	hunt
8	摄取	shèqǔ	动	absorb
9	分享	fēnxiǎng	动	share
10	捣	dǎo	动	pound; mash
11	割	gē	动	cut

12	薄片	báopiàn	名	thin slices
13	松散	sōngsǎn	形	loose
14	称得上	chēngdeshang		deserve to be called
15	融合	rónghé	动	merge; integrate
16	据	jù	介	according to
17	考证	kǎozhèng	动	verify through research
18	繁盛	fánshèng	形	thriving
19	爆	bào	动	quick-fry
20	炸	zhá	动	fry
21	煎	jiān	动	pan-fry
22	烧	shāo	动	braise
23	烤	kǎo	动	roast; bake
24	煨	wēi	动	stew; cook over a slow fire
25	炖	dùn	动	stew
26	拔丝	básī	动	caramelize; sugar-coat
27	蜜汁	mìzhī	动	glaze with honey
28	涮	shuàn	动	cook by dipping into hotpot
29	烹饪	pēngrèn	动	cook
30	兴起	xīngqǐ	动	rise; gain popularity
31	进程	jìnchéng	名	process
32	风味各异	fēngwèi gèyì		vary in flavor

专业词语 Specialized Vocabulary

1	小肠	xiǎocháng	名	small intestine
2	盲肠	mángcháng	名	cecum
3	臼齿	jiùchǐ	名	molar
4	脍	kuài	动	meat chopped into small pieces
5	培根	péigēn	名	bacon
6	酱卤肉	jiànglǔròu	名	sauce-braised meat

7	肉丸	ròuwán	名	meatball
8	肉串	ròuchuàn	名	meat skewer
9	肉饼	ròubǐng	名	meat patty
10	水晶肉	shuǐjīngròu	名	crystal meat

词语练习 Word Exercises

1. 根据词语写拼音。

气候__________ 炖__________ 进化__________

演变__________ 煎__________ 分享__________

兴起__________ 培根__________ 摄取__________

2. 根据拼音写词语。

zhá__________ jiān__________ pēngrèn__________

jù__________ shāo__________ rónghé__________

3. 选择搭配。

A. 蛋白质 B. 大脑发育 C. 语言能力 D. 方法

促进__________ 摄取__________ 烹饪__________ 提高__________

4. 在括号中填入合适的词语。

考证　撕　摄取　分享　兴起　进程

（1）据（　　　），两千多年前已经出现了火锅。

（2）人工智能的（　　　）改变了我们的生活方式和工作模式。

（3）食物的发展与人类文明的（　　　）密切相关。

（4）门牙可以用来（　　　）肉。

（5）和朋友（　　　）食物是一件快乐的事情。

（6）人体（　　　）的蛋白质是在酶的作用下被消化吸收的。

走进课文 Text 15-02

人类食肉历史或许可以追溯到 250 万年前。由于当时的气候变化以及动植物的进化演变，人类消化器官的结构与功能发生了显著改变，如小肠不断发展，盲肠(mángcháng)不断萎缩(wěisuō)，以及拥有了适合撕(sī)肉的门牙和适合磨(mó)肉的臼齿(jiùchǐ)。捕猎动物和食肉已成为人类进化的重要组成部分。应该说，人类从肉类食物中摄取高质量的蛋白质，促进了大脑的发育；屠宰和分享肉类也促进了人类智力的发展，并促进了语言和社交能力的提高。因此，肉制品的起源和发展与人类文明并行。

在中国的传说中，有巢氏(Yǒucháoshì)①发明了“脍(kuài)”和“捣(dǎo)”。“脍”是指用石刀把肉割(gē)成薄片(báopiàn)，“捣”是用石锤(chuí)把肉捣松散，而到商代有了“脯(fǔ)”，即肉干。

图 15-1　猪肉脯

香肠可以称得上是最早的完整肉制品，中国著名的金华火腿可称得上是美味与艺术的融合体(rónghétǐ)。据考证，香肠始于唐代，繁盛(fánshèng)于宋朝。卤肉(lǔròu)制品的起源可追溯到遥远的战国②时期。

如今，人们对肉类食材已生成炒(chǎo)、爆(bào)、熘(liū)、炸(zhá)、煎(jiān)、烧(shāo)、烤(kǎo)、煨(wēi)、熏(xūn)、炖(dùn)、熬、煮、蒸(zhēng)、拔丝(básī)、蜜汁(mìzhī)、涮(shuàn)等十几种烹饪(pēngrèn)方式，以此生产的肉食种类也五花八门。

随着近代工业革命的兴起，肉食的生产也开始了机械化(jīxièhuà)、标准化(biāozhǔnhuà)的进

① 有巢氏 : name of a legendary ancestor of the Chinese people 。

② 战国（Zhànguó）：Period of the Warring States，前 475—前 221 年。

程，形成了种类繁多、风味各异的产品，包括香肠、火腿、培根、酱卤肉、烧烤肉、肉干、肉脯、肉丸、肉串、肉饼、腌肉、腊肉、水晶肉等，极大地丰富了人们的饮食生活。

课文问答 Questions about the Text

理解课文，回答下面的问题。

（1）为什么说“肉制品的起源和发展与人类文明并行”？

（2）“脍”和“脯”是什么？

（3）近代工业革命给肉食的生产带来了哪些改变？

综合注释 Comprehensive Notes

1. 肉制品的起源和发展与人类文明并行。

“A 与 B 并行”，表示 A 和 B 两件事同时实行或者进行。例如：

①科技发展与文明进步并行。

②生产与生活并行。

练习 连线，并用“并行”完成句子。

茶的兴起	工业化进程
汽车的发展	中国古代经济文化的发展

（1）茶的兴起与______________________________。

（2）汽车的发展与______________________________。

2. 香肠可以称得上是最早的完整肉制品。

“称得上”，即“能够被称为”。否定格式为“称不上”，即“不能被称为”。例如：

①豆腐虽然不是名贵的食物，但也称得上是常见的美味了。

②杂交水稻称得上是世界上最重要的粮食作物之一。

练习 完成句子。

（1）中国食品加工和保藏技术称得上______________________________。

（2）造纸术称得上是______________________________。

3. 据考证，香肠始于唐代，繁盛于宋朝。

"× 于"，"于"用在动词后引出对象、来源、处所、时间、目标等。"始于"表示开始的时间、地点等，"繁盛于"表示某事物繁荣的时间。例如：

①卤肉制品始于遥远的战国时代。

②浙茶始于吴、晋，繁盛于唐、宋。

练习 将"始于"填入合适的位置。

（1）A 红烧肉 B 中国南方的 C 江苏、浙江等地。（　　　）

（2）A 食品 B 加工 C 明火加热。（　　　）

4. 随着近代工业革命的兴起，肉食的生产也开始了机械化、标准化的进程。

"随着……的兴起"，表示事物在动作、行为或某事件的发生等条件下兴盛起来。"随着"强调条件，"兴起"后的小句是结果。例如：

①随着人工智能技术的兴起，AI 技术开始广泛应用在各行业中。

②随着新一轮科技革命的兴起，数字技术快速发展。

练习 改写句子。

（1）互联网的兴起使食品加工行业发生了巨大的变化。

随着________________的兴起，食品加工行业发生了巨大的变化。

（2）自然食品的兴起使传统美食越来越受到人们的喜爱。

随着________________的兴起，传统美食越来越受到人们的喜爱。

5. 机械化、标准化

"× 化"，"化"加在其他成分后，构成动词，表示转变成某种性质或状态。"×"可以是名词、动词或形容词。一般来说，"× 化"后面不加人或物，"×"是形容词时有一部分例外。"× 化"构成的常见词语有：工业化、革命化、水利化、电气化、商业化、网络化、现代化。例如：

①营养食品开始走向大众化。

②食品保藏技术是食品商业化的重要条件之一。

练习 根据语境和提示，用"× 化"完成句子。

（1）食品工业________________后，食品质量得到了提高。（规模）

（2）科学技术________________推动了文明的进步。（现代）

课堂活动 Classroom Activities

☆ 说一说

分组展示，2 人一组，在 1 分钟之内说出肉类的烹饪方式、加工肉制品的类型，比一比哪个组说出来的最多。

☆ 写一写

在中国八大菜系中选择一种，写一写这种菜系的烹饪方式、肉制品的代表菜名称。（鲁菜、川菜、粤菜、苏菜、闽菜、浙菜、湘菜、徽菜）

汉字学习 Chinese Character Learning

汉字小课堂 Chinese Character Classroom

甲骨文：火（像燃烧的火焰）

小篆：火

烘

拼　音　hōng

构　造　形声字，左边形旁“火”代表与火有关，右边“共”是声旁。本义是用火使物体变热、变干燥。烘某物时，物体一般不直接接触明火。

合成词　烘干、烘箱。

烤

拼　音　kǎo

构　造　形声字，左边形旁“火”代表与火有关，右边“考”是声旁。本义是用火使物体变干燥、成熟。烤某物时，物体一般接触明火。

合成词　烧烤、烘烤。

烧

拼　音　shāo

构　造　形声字，左边形旁“火”代表与火有关，右边“尧”是声旁。本义指使东西着火、燃烧。引申为烹调方法，指先用油炸，再加汤汁来炒或炖，或先煮熟再用油炸。

合成词　烧烤、烧肉。

炒

拼　音　chǎo

构　造　形声字，左边形旁“火”代表与火有关，右边“少”是声旁。《说文解字》：“炒，火干物也。”本义是用旺火加热使食物变干、变热。

合成词　烘炒、热炒。

同类表示烹饪方法的字　炸、煸、灼、炖、爆、熘、焖、烩。

写汉字 Character Writing

烘 烘 烘 烘 烘 烘 烘 烘 烘 烘

烤 烤 烤 烤 烤 烤 烤 烤 烤 烤

烧 烧 烧 烧 烧 烧 烧 烧 烧 烧

炒 炒 炒 炒 炒 炒 炒 炒 炒 炒

拓展阅读 Extended Reading

节气习俗——大雪

老南京有句俗语，叫作“小雪腌菜，大雪腌肉”。大雪节气一到，家家户户都忙着腌制“咸货(xiánhuò)”。人们将盐、八角(bājiǎo)、桂皮(guìpí)、花椒(huājiāo)、白糖等放入锅中炒熟，待炒过的调料凉透后，涂抹在肉上，反复揉搓，直到肉色由鲜转暗，表面有液体渗出(shènchū)时，再把肉和剩下的盐放进缸内，用石头压住，放在阴凉背光的地方，半月后取出，将腌出的卤汁倒入锅中加水烧开，撇(piě)去浮沫(fúmò)，放入晾干的禽畜肉，一层层码在缸内，倒入盐卤，再压上大石头，十日后取出，挂在朝阳的屋檐下晾晒干，以迎接新年。

根据文章内容，回答问题。

1. “小雪腌菜，大雪腌肉”这句俗语反映了什么样的文化或习俗？有什么寓意？
2. 如何腌制“咸货”？

16 第 16 课
药食同源：传统药膳食品的魅力

课文导读 Text Introduction

内容扫描： 药膳即药材与食材相配做成的美食。药膳既具有较高的营养价值，又可防病治病、保健强身。药膳按形态分为流体类、半流体类和固体类。这一课主要介绍流体类药膳和半流体类药膳。

语言点扫描： 按……分为……；有……之说。

课文 1　流体类药膳

词语学习 Vocabulary 16–01

通用词语 Common Words and Phrases

1	药膳	yàoshàn	名	medicinal food
2	羹	gēng	名	soup
3	汁液	zhīyè	名	juice
4	果实	guǒshí	名	fruit
5	茎	jīng	名	stem
6	块根	kuàigēn	名	root tuber
7	捣烂	dǎolàn	动	mash; grind
8	清凉	qīngliáng	形	cool
9	去火	qùhuǒ	动	relieve internal heat
10	佳品	jiāpǐn	名	fine product
11	沸水	fèishuǐ	名	boiling water
12	冲泡	chōngpào	动	brew; steep

13	姜	jiāng	名	ginger
14	急性	jíxìng	形	acute
15	肠胃	chángwèi	名	stomach and intestines
16	感冒	gǎnmào	名/动	cold/catch a cold
17	必备	bìbèi	动	necessary
18	葱	cōng	名	scallion
19	枣	zǎo	名	date (fruit)
20	田鸡	tiánjī	名	field frog
21	缓解	huǎnjiě	动	relieve; alleviate
22	神经衰弱	shénjīng shuāiruò		neurasthenia
23	虚	xū	形	deficient
24	肾	shèn	名	kidney
25	滋补	zībǔ	动	nourish
26	脾	pí	名	spleen
27	稠厚	chóuhòu	形	thick and substantial

专业词语 Specialized Vocabulary

1	温浸	wēnjìn	动	soak in warm water
2	煎煮	jiānzhǔ	动	decoct
3	地黄	dìhuáng	名	Rehmannia (a Chinese herb)
4	人参	rénshēn	名	ginseng
5	补肾	bǔshèn	动	tonify the kidneys

词语练习 Word Exercises

1. 根据词语写拼音。

药膳________　　冲泡________　　佳品________

汁液________　　去火________　　滋补________

果实________　　急性________　　沸水________

2. 根据拼音写词语。

qīngliáng__________　　shénjīng shuāiruò__________　　shèn__________

jiāng__________　　gǎnmào__________　　pí__________

3. 选择搭配。

A. 神经衰弱　　B. 佳品　　C. 去火　　D. 急性胃肠炎

清凉__________　　治疗__________　　缓解__________　　必备__________

4. 在括号中填入合适的词语。

冲泡　滋补

（1）汤类药膳可以使身体得到（　　　　）。

（2）茶常常用沸水（　　　　）。

走进课文 Text 16-02

流体类药膳按形态分为汁类、饮类、汤类、酒类和羹类。

汁类药膳指由新鲜并含有丰富汁液的植物果实、茎、叶和块根经捣烂、压榨后形成的汁液，如西瓜汁、雪梨汁等是夏季清凉去火的佳品。

饮类药膳是将做药膳的药物或食物经粉碎加工制成粗末，用沸水冲泡或温浸而成的，有时可加入茶叶一起冲泡制成茶饮，如姜茶和姜糖饮是治疗急性(jíxìng)胃肠炎和内寒(nèihán)感冒的必备(bìbèi)佳饮。

汤类药膳主要是将要做药膳的药物或食物经过加工，放入锅内，加清水用文火煎煮，取汁而成。汤类药膳应用最为广泛，如葱枣(cōng zǎo)汤、地黄田鸡汤是缓解(huǎnjiě)神经衰弱(shénjīng shuāiruò)、改善病后体虚和肾(shèn)虚(xū)腰痛(yāo tòng)的滋补(zībǔ)汤。

酒类药膳是将药物或植物放入白酒中浸泡一定时间制成的，如人参酒对改善脾胃虚弱、神经衰弱等有很好的效果。

羹类药膳是以肉、蛋、奶、海产品等为主要原料，加入药材而制成的较为稠厚的汤液，如羊肉羹有补肾益(yì)气、散寒(sànhán)止痛(zhǐtòng)等功效。

课文问答 Questions about the Text

理解课文，回答下面的问题。

（1）流体类药膳按形态可分为哪些种类？

（2）应用最为广泛的是哪种药膳？举例说明这类药膳的作用。

综合注释 Comprehensive Notes

1. 流体类药膳按形态分为汁类、饮类、汤类、酒类和羹类。

"按……分为……"，表示将较大范围内的事物按照不同的种类、性质或者等级分类。例如：

①药膳按形态分为流体类、半流体类和固体类。

②药膳按功效可以分为强身健体类和治疗疾病类。

练习 根据提示，用"按……分为……"完成句子。

（1）面粉____________________高筋粉、中筋粉和低筋粉。（蛋白质含量）

（2）食物__________________________谷类及薯类、动物性食物、豆类和坚果类、蔬菜水果类以及纯能量食物。（营养物质　大致）

课文 2　半流体类药膳

词语学习 Vocabulary 16–03

通用词语 Common Words and Phrases

1	膏	gāo	名	paste; ointment
2	粥	zhōu	名	congee; porridge
3	渣	zhā	名	residue; dregs
4	调养	tiáoyǎng	动	nurture
5	养生	yǎngshēng	动	maintain health
6	服用	fúyòng	动	take (medicine)

7	须发	xūfà	名	hair
8	脱发	tuōfà	动	lose one's hair
9	富含	fùhán	动	be rich in; be abundant in
10	煮熬	zhǔ'áo	动	boil and simmer
11	历来	lìlái	副	throughout history
12	糜粥自养	mízhōu zìyǎng		self-nourishment with rice gruel, a traditional Chinese dietary concept
13	芹菜	qíncài	名	celery
14	血压	xuèyā	名	blood pressure
15	藕	ǒu	名	lotus root
16	健脾	jiànpí	动	tonify the spleen
17	开胃	kāiwèi	动	stimulate the appetite
18	止泻	zhǐxiè	动	stop diarrhea
19	历经	lìjīng	动	experience; go through
20	临床	línchuáng	动	diagnose and treat
21	文化遗产	wénhuà yíchǎn		cultural heritage

专业词语 Specialized Vocabulary

1	炼蜜	liànmì	动	refine honey
2	润燥	rùnzào	动	moisten dryness
3	乌发蜜膏	wūfà mìgāo		black hair honey paste, a traditional Chinese remedy
4	肝热	gānrè	名	liver heat

词语练习 Word Exercises

1. 根据词语写拼音。

调养________　　健脾________　　临床________

养生________　　开胃________　　历来________

服用________　　止泻________　　文化遗产________

2. 根据拼音写词语。

fùhán__________ yǎngshēng__________ rùnzào__________

xuèyā__________ zhǔ'áo__________ tuōfà__________

3. 选择搭配。

A. 自养 B. 维生素 C. 药膳 D. 身体

富含__________ 糜粥__________ 调养__________ 服用__________

4. 在括号中填入合适的词语。

调养 服用 富含 历来 开胃 历经

（1）中医（　　　）数千年的发展，形成了独特的中医文化。

（2）中医（　　　）受到中国人的重视。

（3）酸味的食物有（　　　）的功效，能增进食欲。

（4）（　　　）身体是非常重要的事情。

（5）牛奶、鸡蛋和胡萝卜等食物（　　　）维生素A。

（6）滋补药一般在早晨起床后或晚上睡觉前（　　　），便于人体吸收。

走进课文 Text 16-04

半流体类药膳按形态分为膏类、粥类等。

膏类药膳是将药材和食物加水一同煎煮，去渣，浓缩后加糖或炼蜜制成的半流体状的稠膏。膏类药膳具有滋补、润燥的功效，适合久病体虚、病后调养及养生保健人群长期服用，如乌发蜜膏有抑制须发早白和防脱发的功效。

粥类药膳是以大米、小米、大麦、小麦等富含淀粉的粮食，加入一些具有保健和医疗作用的食物或药物，再加水一同煮熬而成的半液体状食品。中医历来就有“糜粥自养”之说，所以粥类药膳特别适合年老体弱者、病后或产后等脾胃虚弱之人服用，如芹菜粥有清肝热、降血压的功效，鲜藕粥有健脾、开胃、止泻等功效。

药膳是中医学的重要组成部分，是中华民族历经数千年不断探索积累逐渐形成的一门独具特色的临床实用学科，是宝贵的文化遗产。

课文问答 Questions about the Text

理解课文，回答下面的问题。

（1）半流体类药膳按形态可以分为哪些种类？

（2）膏类药膳具有什么功效？

（3）粥类药膳适合哪些人吃？

综合注释 Comprehensive Notes

1. 中医历来就有“糜粥自养”之说。

“有……之说”，表示存在某种说法，常用于书面语中。“之”在这里的意思是“的”。例如：

①中国菜有“色香味俱全”之说。

②药膳有“寓医于食”之说。

练习 **用“有……之说”改写句子。**

（1）中国传统医学中有“药食同源”的说法。

中国传统医学中____。

（2）中医常说“药补不如食补”，强调食疗的养生价值。

中医____。

课堂活动 Classroom Activities

☆ 说一说

使用下面的语法，从下列药膳中选择一种，讲讲这种药膳所属的类型、制作方法和功效。（雪梨汁、姜糖饮、羊肉羹、龟苓膏）

☆ 提示

按……分为……　有……之说

汉字学习 Chinese Character Learning

汉字小课堂 Chinese Character Classroom

金文：菜（蔬菜，《说文解字》："菜，草之可食者。"）

药

拼　音　yào

构　造　形声字，上面形旁"艹"代表与草有关，下面"约"是声旁。《说文解字》："药，治病草。"本义是治病用的植物。

合成词　中药、西药、草药、汤药。

葱

拼　音　cōng

构　造　形声字，上面形旁"艹"代表与草有关，下面"忽"是声旁。《说文解字》："葱，菜也。"本义是圆筒长杆的蔬菜，调味品，也可入药。

合成词　大葱、小葱、香葱。

蔬

拼　音　shū

构　造　形声字，上面形旁"艹"代表与草有关，下面"疏"是声旁。《说文解字》："蔬，菜也。"本义是蔬菜。

合成词　蔬菜、果蔬。

写汉字 Character Writing

药	药	药	药	药	药	药	药	药	药
葱	葱	葱	葱	葱	葱	葱	葱	葱	葱
蔬	蔬	蔬	蔬	蔬	蔬	蔬	蔬	蔬	蔬

拓展阅读 Extended Reading

药食文化的历史演变①

远古时期，原始社会生产力水平低下，人们为了维持温饱，常常饥不择食，食用一些有毒的动植物，导致明显的药理反应。《淮南子·修务训》中写道："（神农）尝百草之滋味，水泉之甘苦，令民知所辟就。当此之时，一日而遇七十毒。"神农时代，人们只能无毒者可就，有毒者当避，药食不分。

自神农尝百草、黄帝辨百谷开始，经过几代人的尝试与试验，人们对动植物有了一定的认识，产生了原始的中药概念，并逐渐把一些天然物产区分为食物、药物和毒物，开始形成中华民族特有的药食文化。

随着农业和医药业的发展，到了周代，朝廷已设有十分完备的医政体制，有医师、食医、疾医等职官。食医主要负责调和饮食，疾医负责使用药物防疾治病。周代还出现了初步的食养食疗理论，如《周礼·天官·疾医》中记载"以五味、五谷、五药养其病"，说明食物与药物相辅相成，共同发挥治疗和保健的作用，形成了"药食同源"思想的雏形。

根据文章内容，回答问题。

1. 神农时代的人们如何对待有毒的动植物？
2. 周代的食医主要负责什么？
3. 说一说"药食同源"的思想是如何产生的。

① 本文节选自《食品文化概论》，李文钊主编，中国轻工业出版社，2020 年版。有删改。

第五单元

食品健康与安全

第 17 课　美味健康的创新食品	课文 1　方便食品 课文 2　保健食品 课文 3　绿色食品 课文 4　有机食品	拓展阅读　葛根粉：山野灵根滋养的东方禅意
第 18 课　舌尖上的安全	课文　食品安全	拓展阅读　什么是预制菜？
第 19 课　食品检测	课文　食品检测	拓展阅读　核污染食品的危害
第 20 课　食品法规	课文　食品法规	拓展阅读　中国古代社会的食品安全监督与管理

17 第 17 课 美味健康的创新食品

课文导读 Text Introduction

内容扫描： 当代社会的食品文化呈现出方便快捷、健康养生、时尚多元等特点。这一课我们一起了解方便食品、健康食品、绿色食品和有机食品。

语言点扫描： 经；以……为目的；对……不产生危害；具有……（的）功能；分为两大类：一类……，另一类……；和……区别开；由……构成；象征（着）；无论……还是……；A 也叫 B。

课文 1　方便食品

词语学习 Vocabulary 17–01

通用词语 Common Words and Phrases

1	预制	yùzhì	动	be pre-made; prefabricate
2	随时随地	suíshí suídì		anytime and anywhere
3	米粉	mǐfěn	名	rice noodles
4	藕粉	ǒufěn	名	lotus root starch
5	河粉	héfěn	名	flat rice noodles
6	黑芝麻	hēizhīma	名	black sesame
7	燕麦	yànmài	名	oats
8	水饺	shuǐjiǎo	名	dumpling
9	汤圆	tāngyuán	名	rice dumpling
10	推广	tuīguǎng	动	promote
11	大致	dàzhì	副	generally; roughly

12	即食	jíshí	动	be ready to eat
13	额外	éwài	形	extra; additional
14	膨化	pénghuà	动	puff; expand
15	海苔	hǎitái	名	seaweed
16	蜜饯	mìjiàn	名	dried fruit preserved in sugar
17	干果	gānguǒ	名	dried fruits and nuts
18	速冻	sùdòng	动	quick-freeze
19	杂粮	záliáng	名	coarse cereals
20	立即	lìjí	副	immediately
21	冻结	dòngjié	动	freeze
22	销售	xiāoshòu	动	sell
23	花卷	huājuǎn	名	steamed twisted roll
24	春卷	chūnjuǎn	名	spring roll
25	速溶	sùróng	动	dissolve instantly
26	装罐	zhuāngguàn	动	put in a can
27	密封	mìfēng	动	seal
28	常温	chángwēn	名	room temperature
29	贮存	zhùcún	动	store; store up
30	野外	yěwài	名	outdoors; in the wild
31	勘探	kāntàn	动	explore
32	远洋	yuǎnyáng	名	ocean far from the continent
33	航海	hánghǎi	动	navigate
34	登山	dēngshān	动	climb mountains
35	探险	tànxiǎn	动	go on an adventure
36	艰苦	jiānkǔ	形	hard; difficult
37	特殊	tèshū	形	special

专业词语 Specialized Vocabulary

1	烘炒	hōngchǎo	动	roast and stir-fry
2	烘焙	hōngbèi	动	bake
3	畜肉	chùròu	名	livestock meat
4	禽肉	qínròu	名	poultry

词语练习 Word Exercises

1. 根据词语写拼音。

预制＿＿＿＿　烘焙＿＿＿＿　速溶＿＿＿＿

水饺＿＿＿＿　贮存＿＿＿＿　立即＿＿＿＿

米粉＿＿＿＿　密封＿＿＿＿　燕麦＿＿＿＿

2. 根据拼音写词语。

jíshí＿＿＿＿　xiāoshòu＿＿＿＿　chángwēn＿＿＿＿

pénghuà＿＿＿＿　sùdòng＿＿＿＿　tāngyuán＿＿＿＿

3. 选择搭配。

A. 饺子　B. 食品　C. 艰苦　D. 奶粉

膨化＿＿＿＿　速冻＿＿＿＿　速溶＿＿＿＿　环境＿＿＿＿

4. 在括号中填入合适的词语。

预制　推广　大致　冻结　立即　常温　特殊

（1）食品盐渍的目的（　　　）有四个。

（2）水（　　　）成冰以后，体积会增加。

（3）方便面用开水冲调后可以（　　　）食用。

（4）酶是（　　　）的蛋白质。

（5）土豆和胡萝卜可以在（　　　）条件下保存。

（6）（　　　）食品大多是半成品或成品，长期吃不利于身体健康。

（7）操作简单的技术容易得到（　　　）。

走进课文 Text 17–02

方便食品是指可以预制，可以现吃现做，也可以经过简单加工随时随地食用的食品，比如方便面、牛肉干、果蔬罐头、肉类罐头、各式饮料、方便米粉、藕粉、河粉、黑芝麻糊、燕麦粥以及速冻水饺、速冻面条、速冻汤圆等风味各异、推广性强的食品。

方便食品种类繁多，大致可分成以下四种：

1. 即食食品，指不需要额外加工处理，打开包装（或散装）可直接入口食用的一类食品，如快餐、膨化食品、烘炒类食品、烘焙类食品、即食海苔(hǎitái)、凉果、蜜饯(mìjiàn)、干果、保健品等。

2. 速冻①食品，指以米、面、杂粮等为主要原料，以肉类、蔬菜等为辅料，经加工制成各类烹制或未烹制的主食品后，立即采用速冻工艺制成且可以在冻结条件下运输、储存及销售的各类主食品，如速冻包子、速冻饺子、速冻汤圆、速冻馒头、速冻花卷、速冻春卷等。

3. 干的或粉状方便食品。这类食品通过加水泡或用开水冲调就可立即食用，如方便面、方便米粉、方便调料、速溶(sùróng)奶粉等。

4. 罐头食品，指原料经处理、装罐、密封、杀菌或无菌包装而制成的食品。罐头食品在常温条件下能长期存放，便于携带(xiédài)、运输和贮存，尤其能满足野外勘探(kāntàn)、远洋航海、登山探险等艰苦条件下的特殊需求。畜肉、禽肉、水果、蔬菜、谷类、豆类等都可以做成罐头。

课文问答 Questions about the Text

理解课文，回答下面的问题。

（1）什么是方便食品？

（2）方便食品大致可以分为哪几类？

（3）罐头食品有哪些优点？

---

① 速 ×：指快速 ×，如速冻、速干、速溶、速食、速写等。

综合注释 Comprehensive Notes

1. 速冻食品，指以米、面、杂粮等为主要原料，以肉类、蔬菜等为辅料，经加工制成各类烹制或未烹制的主食品后，立即采用速冻工艺制成且可以在冻结条件下运输、储存及销售的各类主食品。

“经”，意思是“通过”。否定形式是“未经”。常用于书面语中。例如：

①罐头食品，指原料经处理、装罐、密封、杀菌或无菌包装而制成的食品。

②即食食品可以在未经加工的情况下食用。

练习 根据语境和提示，用“经”完成句子。

（1）食品____________________，可以抑制大部分微生物的生长。（冷冻储藏）

（2）食品中的蛋白质____________________。（酶水解后具有保健功能）

课文 2　保健食品

词语学习 Vocabulary 17–03

通用词语 Common Words and Phrases

1	特定	tèdìng	形	specific
2	补充	bǔchōng	动	supply; supplement
3	任何	rènhé	代	any
4	亚急性	yàjíxìng	形	sub-acute
5	慢性	mànxìng	形	chronic
6	危害	wēihài	名/动	harm
7	辅助	fǔzhù	动	assist
8	记忆	jìyì	名/动	memory/memorize
9	通便	tōngbiàn	动	facilitate bowel movements
10	缺氧	quēyǎng	动	lack oxygen
11	血糖	xuètáng	名	blood sugar

12	睡眠	shuìmián	名	sleep
13	肠道	chángdào	名	intestinal tract
14	免疫力	miǎnyìlì	名	immunity
15	阶段	jiēduàn	名	stage; phase
16	康复	kāngfù	动	recover

专业词语 Specialized Vocabulary

1	机体	jītǐ	名	organism
2	贫血	pínxuè	动	have anemia
3	抗氧化	kàngyǎnghuà	动	resist oxidation
4	排铅	páiqiān	动	remove lead
5	清咽	qīngyān	动	clear the throat
6	祛	qū	动	remove; eliminate
7	黄褐斑	huánghèbān	名	chloasma
8	视疲劳	shìpíláo		asthenopia
9	泌乳	mìrǔ	动	lactate
10	骨密度	gǔmìdù		bone mineral density
11	痤疮	cuóchuāng	名	acne
12	耐受力	nàishòulì	名	tolerance
13	菌群	jūnqún	名	microbial community
14	血脂	xuèzhī	名	blood lipid

词语练习 Word Exercises

1. 根据词语写拼音。

补充＿＿＿＿	贫血＿＿＿＿	任何＿＿＿＿
特定＿＿＿＿	辅助＿＿＿＿	菌群＿＿＿＿
慢性＿＿＿＿	记忆＿＿＿＿	康复＿＿＿＿

2. 根据拼音写词语。

xuètáng__________　　chángdào__________　　shuìmián__________

wēihài__________　　jiēduàn__________　　miǎnyìlì__________

3. 选择搭配。

A. 消化　　B. 睡眠　　C. 免疫力　　D. 食品

保健__________　　促进__________　　改善__________　　增强__________

4. 在括号中填入合适的词语。

特定　辅助　危害　免疫力　阶段

（1）一些保健食品可以增强（　　　）。

（2）果实在成熟（　　　）会形成新的蛋白质。

（3）长期吸烟会严重（　　　）人体健康。

（4）各种食物都具有（　　　）的风味。

（5）有的保健食品具有（　　　）降血压的作用。

走进课文 Text 17-04

保健食品是指具有特定保健功能或者以补充维生素、矿物质为目的的食品。保健食品适合特定人群食用，具有调节机体的功能，对人体不产生任何急性、亚急性或慢性危害，但保健食品不以治疗疾病为目的。

保健食品具有改善营养性贫血、抗氧化、辅助降血压、促进排铅、清咽、促进消化、祛(qū)黄褐斑(huánghèbān)、缓解视疲劳(shìpíláo)、促进(cùjìn)泌乳(mìrǔ)、辅助改善记忆力、增加骨密度、改善皮肤水分、缓解疲劳、改善皮肤油分、辅助祛痤疮(cuóchuāng)、通便、提高缺氧耐受力、辅助降血糖、改善生长发育、改善睡眠、调节肠道(chángdào)菌群(jūnqún)、增强(zēngqiáng)免疫力(miǎnyìlì)、辅助降血脂(xuèzhī)等功能。

保健食品按食用对象可分为两大类：一类面向健康人群，以补充营养素、满足生命周期不同阶段的需求为主要目的；另一类适用于某些生理功能有问题的人，强调其在预防疾病和促进康复方面的调节作用。

课文问答 Questions about the Text

理解课文，回答下面的问题。

（1）什么是保健食品？

（2）保健食品有哪些功能？

（3）按食用对象分类，保健食品可以分为几类？

综合注释 Comprehensive Notes

1. 保健食品是指具有特定保健功能或者以补充维生素、矿物质为目的的食品。

"以……为目的"，意思是"把……作为目标"。"以"做介词，表示"用、拿"。例如：

①人们每天摄入多种维生素是以维持身体健康为目的的。

②食品保藏以保证食品品质为目的。

"不以……为目的"是它的否定形式。例如：

③保健食品不以治疗疾病为目的。

④方便食品不以补充营养为目的。

练习 判断对错，并用"（不）以……为目的"改写句子。

（1）人们食用药膳是为了防病治病、保健强身。（　　）

人们食用药膳是______________________________。

（2）即食食品的出现是因为它能提高人体的免疫力。（　　）

即食食品的出现______________________________。

2. 保健食品对人体不产生任何急性、亚急性或慢性危害。

"对……不产生危害"，表示从某人或某事的角度来看没有危害。例如：

①环保材料对自然环境不产生危害。

②这种食品添加剂在合理用量范围内对人体健康不产生危害。

练习 根据语境和提示，用"对……不产生危害"完成句子。

（1）这款化妆品______________________________。（皮肤）

（2）正常情况下，肠道菌群______________________________。（身体）

3. 保健食品具有改善营养性贫血、抗氧化、辅助降血压、促进排铅、清咽、促进消化、祛黄褐斑、缓解视疲劳、促进泌乳等功能。

"具有……（的）功能"，突出事物或方法的作用、成效。例如：

①这款酸奶具有调节肠道菌群的功能。

②食用香精具有使食物增香的功能。

练习 **根据提示，用“具有……（的）功能”完成句子。**

（1）酵母________________________________。（面团发酵）

（2）咸味________________________________

________________________________。（不仅……还……　调节口感　生理调节）

4. 保健食品按食用对象可分为两大类：一类面向健康人群，以补充营养素、满足生命周期不同阶段的需求为主要目的；另一类适用于某些生理功能有问题的人，强调其在预防疾病和促进康复方面的调节作用。

“分为两大类：一类……；另一类……”，表示将一个范围内的事物根据某种特征分成两类，并分别说明两类事物的内容或特征。例如：

①微波炉（microwave oven）方便食品分为两大类：一类经高温杀菌可常温保存；另一类需冷藏保存，食用时用微波炉加热即可。

②城市出行方式可以分为两大类：一类是公共交通，如乘坐地铁或公交车；另一类是个体交通，如乘坐私家车。

练习 **用“分为两大类：一类……；另一类……”造句。**

（1）________________________________

（2）________________________________

课文 3　绿色食品

词语学习 Vocabulary 17-05

通用词语 Common Words and Phrases

1	优良	yōuliáng	形	excellent
2	生态	shēngtài	名	ecology
3	实行	shíxíng	动	implement
4	全程	quánchéng	名	whole process

5	标志	biāozhì	名	sign; symbol
6	使用权	shǐyòngquán	名	right of usage
7	优质	yōuzhì	形	of high quality; superior
8	农产品	nóngchǎnpǐn	名	agricultural product
9	蓓蕾	bèilěi	名	bud
10	象征	xiàngzhēng	动/名	symbolize/symbol
11	农业	nóngyè	名	agriculture
12	环保	huánbǎo	名/形	environmental protection/ environment-friendly
13	等级	děngjí	名	level; rank
14	底色	dǐsè	名	base color; background color
15	明媚	míngmèi	形	bright and beautiful
16	照耀	zhàoyào	动	shine
17	和谐	héxié	形	harmonious
18	蓬勃	péngbó	形	brisk; vigorous
19	生命力	shēngmìnglì	名	vitality; life force
20	理念	lǐniàn	名	concept; idea
21	转变	zhuǎnbiàn	动	change; transform
22	青睐	qīnglài	动	favor
23	无论……还是……	wúlùn…háishi…		whether... or...
24	开发	kāifā	动	develop; exploit
25	潜力	qiánlì	名	potential

词语练习 Word Exercises

1. 根据词语写拼音。

环保________　　开发________　　底色________

标志________　　象征________　　潜力________

等级________　　和谐________　　优质农产品________

2. 根据拼音写词语。

shǐyòngquán________　　míngmèi________　　qīnglài________

shēngmìnglì__________ shíxíng__________ lǐniàn__________

3. 选择搭配。

A. 环境 B. 巨大 C. 食品

绿色__________ 保护__________ 潜力__________

4. 在括号中填入合适的词语。

实行	农业	环保	等级	越来越

（1）人们对食品的研究（　　　）深入。

（2）食品安全的四个（　　　）分别是有机食品、绿色食品、无公害食品和普通食品。

（3）我们要（　　　）最严格的生态环境保护制度。

（4）腌制、酿造等食品加工方法对中国古代（　　　）的发展产生了重大影响。

（5）要增强节约意识、（　　　）意识和生态意识，保护环境。

走进课文 Text 17–06

绿色[①]食品是指产自优良生态环境、按照绿色食品标准生产、实行全程质量控制并获得绿色食品标志使用权的安全、优质食用农产品及相关产品。

为了和其他食品区别开，绿色食品使用统一的标志图形。绿色食品标志图形由三部分构成：上方的太阳、下方的叶片和中间的蓓蕾。这一标志图形象征自然生态。标志图形为正圆形，意为保护、安全；颜色为绿色，象征着生命、农业、环保。

绿色食品标准分为两个技术等级，即AA级绿色食品标准和A级绿色食品标准。AA级绿色食品标志与字体为绿色，底色为白色；A级绿色食品标志与字体为白色，底色为绿色。整个图形展现了明媚(míngmèi)阳光照耀(zhàoyào)下的和谐生机，告诉人们绿色食品是安全、无污染的食品，它源自纯净、良好的生态环境，能给人们带来蓬勃的生命力。

① 绿色 ×：绿色蔬菜、绿色标志、绿色产品、绿色通道等。

随着中国人民生活水平的提高和消费理念的转变，安全、无污染的绿色食品已成为时尚，越来越受到人们的青睐（qīnglài）。无论在国内还是国外，绿色食品的开发潜力（qiánlì）都很大。

课文问答 Questions about the Text

理解课文，回答下面的问题。

（1）什么是绿色食品？

（2）绿色食品如何和其他食品区别开？

（3）绿色食品标准分为几个技术等级？它们的标志有什么不同？

综合注释 Comprehensive Notes

1. 为了和其他食品区别开，绿色食品使用统一的标志图形。

“和……区别开”，表示区分、辨别不同的人或物。

形式结构

（1）应该把 A 和 B 区别开。例如：

应该把药膳和普通美食区别开。

（2）为了和 B 区别开，A ……。例如：

为了和市场上常见的同类产品区别开，这款新饮料采用了独特的包装设计。

（3）A 应该和 B 区别开。例如：

补充营养的保健食品应该和预防疾病的保健食品区别开。

练习 用“区别开”改写句子。

（1）果蔬的贮藏方法应该和鱼贝类的贮藏方法不同。

果蔬的贮藏方法应该和________________________________。

（2）蒸发的过程和干燥的过程不同。

蒸发的过程应该和________________________________。

2. 绿色食品标志图形由三部分构成。

“由……构成”，用来说明一个东西是由哪些部分组成的。例如：

①标志大致是由点、线、面、色彩四个基础部分构成的。

②绿色食品标志由三部分构成，即上方的太阳、下方的叶片和中间的蓓蕾。

练习 用“由……构成”造句。

例如：水的分子式 H_2O 由两个氢原子和一个氧原子构成。

（1）______________________________

（2）______________________________

3. 这一标志图形象征自然生态。标志图形为正圆形，意为保护、安全；颜色为绿色，象征着生命、农业、环保。

“象征（着）”，表示用标记或具体事物表现一些抽象的事物。例如：

①绿色是大自然的颜色，所以象征着生命。

②种子象征着蓬勃的生命力。

练习 根据提示，用“象征着”完成句子。

（1）太阳______________________________。（生命　力量）

（2）水______________________________。（生命的源泉　爱与帮助）

4. 无论在国内还是国外，绿色食品的开发潜力都很大。

“无论……还是……”，表示并列的条件，后面常用“都”。例如：

①无论是蓓蕾还是绿叶，都象征着蓬勃的生命力。

②药膳无论在医学上还是在饮食上，都有很高的研究价值。

练习 用“无论……还是……”改写句子。

（1）在制作馒头时需要先将面团发酵，在制作面包时也是这样。

______________________________，都需要先将面团发酵。

（2）即食食品能方便人们食用，速食食品也能方便人们食用。

______________________________，都能够方便人们食用。

课文 4　有机食品

词语学习 Vocabulary 17-07

通用词语 Common Words and Phrases

1	有机	yǒujī	形	organic
2	体系	tǐxì	名	system

3	认证	rènzhèng	动	authenticate
4	机构	jīgòu	名	institution
5	采集	cǎijí	动	gather; collect
6	野生	yěshēng	形	wild

词语练习 Word Exercises

1. 根据词语写拼音。

认证__________　　有机__________　　体系__________

机构__________　　采集__________　　野生__________

2. 根据拼音写词语。

yǒujī__________　　tǐxì__________　　cǎijí__________

rènzhèng__________　　jīgòu__________　　yěshēng__________

3. 选择搭配。

A. 食品　　B. 动物　　C. 环境

有机__________　　生态__________　　野生__________

4. 在括号中填入合适的词语。

生态　体系　采集

（1）食品工业在食品现代化（　　　　）中起着重要作用。

（2）有机食品包括采用有机方式（　　　　）的野生天然产品。

（3）目前关于转基因食品对人体健康、（　　　　）环境安全的影响还没有统一的说法。

走进课文 Text 17-08

有机食品也叫生态食品或生物食品，指来自有机生产体系，根据有机认证标准生产、加工，并经过独立认证机构认证的农产品及其加工产品等。

有机食品是有机产品中的一类，中国的有机产品主要包括粮食、蔬菜、水果、畜禽产品（包括乳、蛋、肉及相关加工制品）、水产品及调料等。有机食品主要包括一般的有机农产品（如有机杂粮（záliáng）、有机水果、有机蔬菜等）、有机茶产品、有机食用菌产品、有机畜禽产品、有机水产品、有机蜂（fēng）产品、有机奶粉、采集的野生产品以及用上述产品为原料做成的加工产品。国内市场销售的有机食品主要有有机大米、茶叶、蜂蜜、杂粮、水果、蔬菜等。

课文问答 Questions about the Text

理解课文，回答下面的问题。

（1）有机食品有哪些别称？

（2）中国的有机产品主要包括什么？

（3）中国国内市场销售的有机食品主要有哪些？

综合注释 Comprehensive Notes

1. 有机食品也叫生态食品或生物食品。

“A 也叫 B”，表示 A 和 B 的意义相同，B 是 A 的另一种说法。常用于口语中。例如：

①苹果也叫平安果。

②红烧肉也叫东坡肉。

练习 根据表格内容，用“A 也叫 B”完成句子。

A	B
碳水化合物	糖类
食盐	氯化钠

（1）碳水化合物____________________。

（2）食盐____________________。

课堂活动 Classroom Activities

☆ 说一说，写一写

运用本课所学的词语和语法，从下列创新食品中选择一种进行介绍，并写一篇 100 字左右的作文。（方便食品、保健食品、绿色食品、有机食品）

拓展阅读 Extended Reading

葛根粉：山野灵根滋养的东方禅意

千年以来，葛根(gégēn)以匍匐(púfú)之姿扎根山野岩隙(yánxì)，它不似百花争艳，却以“解表(jiěbiǎo)退热(tuìrè)、生津止渴(shēngjīn-zhǐkě)”的药食之性，悄然(qiǎorán)渗透东方生活的肌理(jīlǐ)。从山间樵夫(qiáofū)的救命粮到文人案头的清心饮，葛根在千年时光中沉淀出独有的禅意——其藤可织“葛布(gébù)”裁夏衣，还可编草鞋踏遍烟雨山河；其花可酿“葛花酒”解千愁；而深埋地下的块根，则以一身澄净(chéngjìng)淀粉诠释(quánshì)着“大隐隐于野”的生存哲学。

在葛根家族中，葛根粉正以返璞归真(fǎnpú-guīzhēn)之态叩响现代健康之门。这种源自深山的老根，经采挖、捶打、过滤、澄浆、刨片、风霜晾晒而成的雪色粉末，既承袭《本草纲目》[①]中“散郁火，升阳气”的古训，又以现代科技保留了葛根素与异黄酮(yìhuángtóng)活性。当都市焦虑碰撞山野智慧，葛根粉化身“自然馈赠(kuìzèng)的急救包”：一勺素粉倾入沸水，轻搅成半透琉璃(liúli)冻，佐以蜂蜜或枸杞(gǒuqǐ)，三息之间，一碗凝天地清气的温润便疗愈身心。在美食博主的镜头下，葛根粉与桂花、石斛(shíhú)共舞

① 《本草纲目》：明代医药学家李时珍撰写的医学巨著。

的古法调配，既唤醒了《山家清供》中的宋时风雅，又衍生出葛粉冰粉、葛根拿铁等跨界新味。从药王孙思邈（Sūn Sīmiǎo）①笔下的“千年人参”到马克杯中的“东方舒芙蕾（shūfúlěi）”，这捧来自山野的素白，正以最谦卑的姿态，为“钢筋森林”注入一缕草木呼吸的韵律。

根据文章内容，回答问题。

1. 葛根的不同部位在生活中被开发出了哪些用途？
2. 葛根粉作为现代方便食品，其制作工艺与核心健康价值体现在哪些方面？
3. 美食博主的哪些创作体现了葛根粉的创新？

① 孙思邈：唐代医药学家，被后人尊称为“药王”。

18 第 18 课
舌尖上的安全

课文导读 Text Introduction

内容扫描： 俗话说，“国以民为本，民以食为天，食以安为先”。食品安全一直是百姓最关心的问题，是人类生存健康的基础，关乎经济发展和社会稳定……

语言点扫描： 俗话说；关乎；从……来看。

课文 食品安全

词语学习 Vocabulary 18–01

通用词语 Common Words and Phrases

1	关乎	guānhū	动	concern
2	经济	jīngjì	名/形	economy/economic
3	稳定	wěndìng	形	stable
4	直到	zhídào	动	until
5	从……来看	cóng……láikàn		from the perspective of
6	从业	cóngyè	动	work in a field
7	保障	bǎozhàng	动/名	guarantee
8	流通	liútōng	动	circulate
9	环节	huánjié	名	link; section
10	运行	yùnxíng	动	run; operate
11	行业	hángyè	名	industry; trade
12	消费者	xiāofèizhě	名	consumer
13	社会各方	shèhuì gèfāng		all sectors of society

词语练习 Word Exercises

1. 根据词语写拼音。

关乎________　　经济________　　行业________

保障________　　稳定________　　从业________

消费者________　　流通________　　社会各方________

2. 根据拼音写词语。

huánjié________　　zhídào________　　yùnxíng________

xiāofèizhě________　　bǎozhàng________　　hángyè________

3. 选择搭配。

A. 环节　　B. 发展　　C. 稳定　　D. 安全

经济________　　社会________　　食品________　　流通________

4. 在括号中填入合适的词语。

关乎　稳定　保障　流通　环节　运行　行业　消费者

（1）气调贮藏时，要调节贮藏环境中气体成分的含量和比例，并保持（　　　）。

（2）冻结食品从生产到消费的各个（　　　）都应该保持在适当的低温状态。

（3）苹果酸的口感接近天然苹果，所以广泛用于食品（　　　）。

（4）工作人员要注意设备（　　　）的情况。

（5）（　　　）要提高食品安全意识。

（6）国家和政府通过各种措施（　　　）食品安全。

（7）食品安全（　　　）每个人的身体健康。

（8）食品（　　　）的各个环节都需要保证安全。

走进课文 Text 18-02

食品安全，指食品无毒、无害，符合应当有的营养要求，对人体健康不造成任何急性、亚急性或者慢性危害。俗话说，“国以民为本，民以食为天，食以安为先”。食品安全一直是百姓最关心的问题，是人类生存健康的基础，关乎经济发展和社会稳定。

食品从原料生产、加工、储存、运输、销售直到消费的整个过程都存在着不安全因素。从食品本身来看，食品中有细菌、病毒、真菌和一些小型的原生动物，在食品的烹饪、加工与处理过程中很容易引起食品安全问题。食用受到细菌污染的食品会引发食物中毒。食品加工从业人员携带细菌可能导致食品污染。此外，食物未煮熟、未充分清洗，以及食物自身腐败变质等，都会引发食物中毒。

食品安全是保障人们身心健康、提高食品在国内外市场竞争力和实现可持续发展的需要。食品安全问题是个系统工程，国家和政府各部门需保障食品在流通中各个环节的安全运行，食品行业和消费者也应该提高食品安全意识，关注食品品质、食品加工和烹饪方式，以保证食品安全。守护“舌尖上的安全”需要社会各方共同努力。

课文问答 Questions about the Text

理解课文，回答下面的问题。

（1）什么是食品安全？

（2）什么情况会引发食物中毒？

（3）消费者可以通过哪些方式提高食品安全意识？

综合注释 Comprehensive Notes

1. 俗话说，“国以民为本，民以食为天，食以安为先”。

“俗话说”，表示信息来源，“俗话”指民间流传的通俗说法或当地的习惯说法，一般具有传统意义，且有一定道理。常用在句子开头。例如：

①俗话说，“一分耕耘，一分收获”。

②俗话说：“不蒸（争）馒头蒸（争）口气。”

练习 你知道哪些俗话？根据提示完成句子或写出自己知道的俗话。

（1）俗话说，“________________________________”。（今朝有酒）

（2）俗话说，“________________________________”。（滴水之恩）

2. 食品安全一直是百姓最关心的问题，是人类生存健康的基础，关乎经济发展和社会稳定。

"关乎"，表示关系到或涉及某些问题，常用在较为严肃、正式的语境中。例如：

①生态文明建设关乎人类的未来。

②食品安全问题关乎人们的生命安全。

练习 连线，并用"关乎"完成句子。

科技创新　　　　每一个人

节约粮食　　　　国家生存发展

（1）科技创新________________________________。

（2）节约粮食________________________________。

3. 从食品本身来看，食品中有细菌、病毒、真菌和一些小型的原生动物，在食品的烹饪、加工与处理过程中很容易引起食品安全问题。

"从……来看"，固定格式，表示根据某种情况或从某个角度来考虑或评价。例如：

①从目前的研究结果来看，果蔬的成熟可以推迟。

②从食品的角度来看，大部分新鲜食品都适合微生物生长。

练习 根据提示，用"从……来看"完成句子。

（1）________________________，温度升高对发酵不利。（温度对酶的作用）

（2）________________________，肉不是人体内钙的主要来源。（营养方面）

● 情景小对话 Situational Dialogue

做一做，说一说。

运用本课学习的词语和语法，以"舌尖上的安全"为主题，制作一份海报，并向大家讲解。

拓展阅读 Extended Reading

什么是预制菜？

预制菜（yùzhìcài）（pre-prepared dishes），一般指以各类农、畜、禽、水产品为主要原料，搭配调味料等辅料（含食品添加剂），通过预选、调制等工艺加工制成的半成品。其生产流通通常需要依托<ruby>冷链<rt>lěngliàn</rt></ruby>（cold chain）系统进行贮存运输，最终经消费者或餐饮经营者简单加热、烹饪后食用。

依据中国食品工业协会发布的团体标准《预制包装菜肴》规定，预制菜按食用方式可分为即食食品、即热食品、即烹食品、即配食品四大类。即食食品在开封后可直接食用，如酱卤制品；即热食品需加热后食用，如快餐<ruby>料理包<rt>liàolǐbāo</rt></ruby>（instant meal pack）、自热食品；即烹食品需自行加工或烹调，如腌制牛排；即配食品也需自行加工或烹调，如生鲜（fresh food）、净菜组合等。

根据文章内容，判断正误。

1.（　　）预制菜通常在常温条件下贮存或运输。

2.（　　）即食食品需要加热后食用，如快餐料理包、自热火锅等。

3.（　　）即烹食品和即配食品均需自行加工或烹调，如腌制牛排、生鲜等。

19 第 19 课
食品检测

课文导读 Text Introduction

内 容 扫 描： 解决食品安全问题，最有效的方法就是在食品相关的各个环节中做好食品检测，将危害食品安全的因素扼杀在萌芽阶段。

语言点扫描： 基于……的共识；将……扼杀在萌芽阶段；× 中；有……，但无……；二者；日益。

课文 食品检测

词语学习 Vocabulary 19–01

通用词语 Common Words and Phrases

1	残留	cánliú	动	remain
2	伪	wěi	形	fake
3	扼杀	èshā	动	strangle; stifle
4	萌芽	méngyá	动	sprout
5	芯片	xīnpiàn	名	chip
6	更新	gēngxīn	动	update; renew
7	应用	yìngyòng	动	apply

专业词语 Specialized Vocabulary

1	转基因	zhuǎnjīyīn	动	genetically modify

2	酶联免疫	méilián miǎnyì		enzyme-linked immunosorbent assay
3	吸附技术	xīfù jìshù		adsorption technology
4	固相微萃取	gùxiàng wēicuìqǔ		solid phase microextraction
5	质谱	zhìpǔ	名	mass spectrometry
6	核磁	hécí	名	nuclear magnetism

词语练习 Word Exercises

1. 根据词语写拼音。

扼杀__________　　质谱__________　　食物残留__________

萌芽__________　　转基因__________　　更新应用__________

芯片__________　　伪__________　　吸附技术__________

2. 根据拼音写词语。

cánliú__________　　yìngyòng__________　　xīnpiàn__________

gēngxīn__________　　méngyá__________　　zhìpǔ__________

3. 选择搭配。

A. 技术　　B. 食品　　C. 残留

食物__________　　检测__________　　转基因__________

4. 在括号中填入合适的词语。

残留　芯片　更新　应用

（1）食品加工技术在不断（　　　　）。

（2）随着现代生物技术的快速发展，生物技术在食品工业中的（　　　　）越来越广泛。

（3）肉中（　　　　）的血红蛋白会变成粉红色。

（4）生物（　　　　）可以检测食品中的病毒和细菌。

走进课文 Text 19–02

食品中残留的危害物质、食品中的有害元素、食品添加剂、食品中天然的毒素物质、食品中持久的有机污染物、食品加工过程中产生的有害物质、食品接触材料中的可迁移有害物质、食源性致病性微生物、转基因食品和食品掺伪物质等都危害着食品安全。基于国际社会的共识，为保障食品安全，不允许在食品中添加可能损害或威胁人体健康的有毒、有害物质。解决食品安全问题，最有效的方法就是在食品相关的各个环节中做好食品检测，将危害食品安全的因素扼杀在萌芽阶段。

对食品生产、加工、流通和销售等环节实施全程管理和监控，需要大量能够满足要求的快速、灵敏、准确、方便的食品安全分析检测技术。一直以来，主要的食品检测技术包括：以色谱法为主的仪器分析法、酶联免疫吸附技术和现代分子生物学方法（核酸探测技术和基因芯片检测）等。

现代高新技术在迅猛发展，新技术和新方法不断涌现，食品分析仪器和检测方法也在持续更新中，如色谱分析样品前处理采用固相微萃取技术，并辅以光纤流动池、芯片技术、纳米技术等，为鉴别分析特殊复杂化合物提供了更加快速、便捷、有效的检测手段。

多种检测手段联用的技术也在发展应用中，如色谱类仪器有较高的分离能力，但无定性鉴别能力；而红外、质谱、核磁等有极高的定性鉴别能力，但无分离能力。将二者联用，可相辅相成，互为补充。如今，色谱技术与质谱技术的联用发展迅猛，其他一系列技术也在更新中。多学科交叉技术在食品安全检测中发挥着日益重要的作用。

课文问答 Questions about the Text

理解课文，回答下面的问题。

（1）解决食品安全问题，最有效的方法是什么？

（2）主要的食品检测技术有哪些？

（3）为什么要将色谱类仪器与红外、质谱、核磁等技术联用？

综合注释 Comprehensive Notes

1. **基于国际社会的共识，为保障食品安全，不允许在食品中添加可能损害或威胁人体健康的有毒、有害物质。**

"基于……的共识"，表示"根据……的共同认识"。例如：

①基于国际合作的共识，人类应共同面对气候和环境问题。

②基于保护环境的共识，人们提出"要像保护眼睛一样保护生态环境"。

练习 根据提示，完成句子。

（1）基于____________________________________的共识，国家和政府各部门需保障食品在流通中的安全。（国际社会）

（2）基于____________________的共识，消费者需要提高食品安全意识。（全社会）

2. **将危害食品安全的因素扼杀在萌芽阶段。**

"将……扼杀在萌芽阶段"，比喻在事情还没有发生或还没有发展起来的时候，就将其消灭。同样意思的表达还有"将……扼杀在摇篮之中""斩草除根"等。例如：

①通过护色、染色等步骤将使食品色素流失的因素扼杀在萌芽阶段。

②人们研制出各种食品贮藏的方法，将食品变质的可能性扼杀在萌芽阶段。

练习 用"将……扼杀在萌芽阶段"改写句子。

（1）加强对食品安全的监管，避免危害人体健康。

加强对食品安全的监管，____________________________________。

（2）企业应加强监管，防止财务危机发生。

企业应加强监管，____。

3. **食品分析仪器和检测方法也在持续更新中。**

多种检测手段联用的技术也在发展应用中。

"×中"，指动作正在进行，表示过程，用在"在/正在"后面时表示状态的持续。例如：

①食品加工技术在改进中。

②本店正在营业中。

练习 根据语境和提示，用"X 中"完成句子。

（1）果蔬在__________________________________水分会不断蒸发。（贮藏）

（2）新的罐头食品在____________________________________。（销售）

4. 色谱类仪器有较高的分离能力，但无定性鉴别能力；而红外、质谱、核磁等有极高的定性鉴别能力，但无分离能力。

“有……，但无……”，指只有前者而没有后者，表示强调，常用于书面语中。例如：

①色素有改变食品色泽的作用，但无改变食品风味的作用。

②酵母菌有分解糖的能力，但无杀菌能力。

练习 根据表格内容，完成句子，体会“有……，但无……”的用法。

食用香精	增强食品香味	增加食品营养
盐	调节生理功能	促进食欲

（1）食用香精有__________的作用，但无__________的作用。

（2）盐有__________的作用，但无__________的作用。

5. 将二者联用，可相辅相成，互为补充。

“二者”，表示两个有关联的对象，常用来对比两个不同的概念、观点等，多用于书面语中。例如：

①核酸探测技术和基因芯片检测是现代分子生物学方法，二者都能够用于食品分析检测。

②禽蛋保鲜用低温保藏法，肉类保鲜用冷冻保藏法，二者都是家庭常见的食物保鲜法。

练习 根据语境，用“二者”完成句子。

（1）奶皮子多用于拌奶茶做早点，奶茶可以做茶饮待客，__________特色乳制品。

（2）面包以小麦粉、酵母等为主要原料，馒头以小麦粉为主要原料，__________
__________深受人们喜爱的面食。

6. 多学科交叉技术在食品安全检测中发挥着日益重要的作用。

“日益”，副词，意思是“一天比一天更加……”，表示程度慢慢加深，常用于书面语中。例如：

①生物技术在食品工业中发挥着日益重要的作用。

②环境友好型食品添加剂的使用日益增多。

练习 用“日益”改写句子。

（1）食品检测方法在更新过程中越来越完善。

食品检测方法在更新过程中____________________。

（2）转基因技术在现代农业中一天比一天受重视。

转基因技术在现代农业中____________________。

课堂活动 Classroom Activities

☆ 写一写

运用本课所学的词语和语法，以“食品检测”为主题，写一篇 100 字左右的作文。

____

____

____

____

____

拓展阅读 Extended Reading

核污染食品的危害

核污染（hé wū rǎn）（nuclear contamination）食品通常指在核事故发生后被放射性（fàngshèxìng）物质（radioactive substances）污染的食品。食品在加工生产过程中混入超量杂质或吸附、吸收外界放射性核素（hésù）（radionuclide）都会引发食品安全问题。含有放射性物质的食品一旦被人体摄入，就会损害人体健康。

食品放射性污染的核心危害在于放射性核素通过受污染食品进入人体后，以低剂量长期内照射（nèizhàoshè）效应（xiàoyìng）（internal irradiation effect）作用于组织、器官及细胞系统，其危害主要表现为：

1. 持续性损伤，破坏免疫（miǎnyì）系统与生殖（shēngzhí）系统；

2. 产生病理风险，致癌（zhì'ái）（likely to cause cancer）、致畸（zhìjī）（lead to defor-mities）、致突变（lead to mutations）；

3. 产生累积效应，部分放射性物质半衰期（bànshuāiqī）（half-life period）长，被人体摄入的机会多，在人体内可长期蓄积，危害程度深且恢复周期漫长。

根据文章内容，回答问题。

1. 什么是核污染食品？
2. 核污染食品是如何对人体产生危害的？
3. 食品放射性污染对人体的危害主要有哪些表现？

20 第 20 课 食品法规

课文导读 Text Introduction

内容扫描： 食品法规涵盖食品生产、加工、销售和贸易等方面的规定，旨在保证食品安全，保障公众身体健康和生命安全。

语言点扫描： 旨在；自行决定；确保。

课文 食品法规

词语学习 Vocabulary 20-01

通用词语 Common Words and Phrases

1	旨在	zhǐ zài		aim to
2	卫生	wèishēng	名/形	hygiene/hygienic
3	认可	rènkě	动	recognize; approve
4	辐照	fúzhào	动	irradiate
5	准入	zhǔnrù	动	grant access; admit
6	许可证	xǔkězhèng	名	license
7	标签	biāoqiān	名	label
8	清晰	qīngxī	形	clear
9	标示	biāoshì	动	mark

词语练习 Word Exercises

1. 根据词语写拼音。

旨在________　认可________　清晰________

卫生许可证________　辐照________　准入________

2. 根据拼音写词语。

zhǔnrù________　xǔkězhèng________　biāoshì________

3. 选择搭配。

A. 许可证　B. 法规　C. 产品信息

标示________　法律________　经营________

4. 在括号中填入合适的词语。

旨在	卫生	认可	辐照	清晰	标示	标签

（1）食品加工处理可以使食品更加安全、（　　　）、营养和美味。

（2）食品（　　　）技术具有很强的杀菌能力。

（3）商品标签需要（　　　）地标示出商品的重要信息，符合国家规范标准。

（4）世界食品安全日的设立（　　　）引起人们对食品安全的关注。

（5）消费者通过商品的（　　　）或说明书了解商品。

（6）含有转基因成分的食品要在包装上（　　　）产品的转基因信息。

（7）1969 年，辐照食品的安全性第一次得到国际组织的（　　　）。

走进课文 Text 20–02

食品法规指与食品相关的法律条文、标准，它是食品安全的重要保障。食品法规涵盖食品生产、加工、销售和贸易等方面的规定，旨在保证食品安全，保障公众身体健康和生命安全。此外，食品法规有效规范"从农田到餐桌"的全链条，包括动物饲料、农场控制、食品预加工等。食品法规一般包括食品安全、食品质量和膳食控制方面的法律条文。

食品安全法规主要包括：食品生产过程的卫生控制、食品添加剂的用量限制、新工艺（如食品辐照、转基因食品）的认可、食品贮存和运输规范、食品包装材料的规范。食品安全法规规定的安全标准适用于一切食品生产过程。中国已建立完备的食品质量安全市场准入制度，食品生产企业需按要求取得食品生产许可证。

食品质量标准是国家或国际认可的程序和指南（国家强制或企业自愿），适用于食品生产、加工、销售和贸易的各个方面，以保证食品的质量安全。质量标准的核心是对食品营养、外观、口感、质地等属性的规定。对国民饮食具有重要影响的食品一般采用强制性质量标准，主要包括：粮、油、食盐、饮用水、乳品等。部分食品的质量标准由行业或企业制定，但生产商必须在商品标签上清晰地标示产品的重要信息，符合国家规范标准。消费者可根据标签上的信息自行决定是否购买。

膳食营养强化主要是强制在特定食品中添加关键的微量营养元素，如在食盐中添加碘、在面粉中添加维生素和矿物质、在人造黄油中添加维生素。此外，各国都会根据居民饮食特点出台适合本国居民的膳食营养指南，以确保健康饮食。

课文问答 Questions about the Text

理解课文，回答下面的问题。

（1）什么是食品法规？

（2）食品法规一般包括哪些方面的法律条文？

（3）食品质量标准适用于食品的哪些方面？

综合注释 Comprehensive Notes

1. 食品法规涵盖食品生产、加工、销售和贸易等方面的规定，旨在保证食品安全，保障公众身体健康和生命安全。

“旨在”，表示“目的在于”或“为了达到某种目的”。例如：

①环境法旨在保护环境，促进可持续发展。

②食品检测技术旨在保障食品安全，解决食品安全问题。

练习 根据提示，用“旨在”完成句子。

（1）这次研究______________________________。（探索　微生物）

（2）本文________________________________。（探索　酶）

2. 消费者可根据标签上的信息自行决定是否购买。

“自行决定”，表示自己决定、处理某件事，强调主动做出选择。例如：

①用户可自行决定是否关闭此功能。

②生产商可自行决定生产什么商品。

练习 思考生活中有哪些事情需要自行决定，并用“……需要自行决定”造句。

（1）____

（2）____

3. 各国都会根据居民饮食特点出台适合本国居民的膳食营养指南，以确保健康饮食。

“确保”，动词，表示确实地保持或保证。例如：

①为了消除碘缺乏病，要确保人体对碘的摄入量。

②在物流活动中，确保劳动者的安全非常重要。

练习 选词填空。

A. 确保　　B. 保证

（1）食品运输、贮藏过程需______食品的包装不被破坏。

（2）政府为______食品安全，制定了食品安全法规。

课堂活动 Classroom Activities

☆ 说一说，写一写

运用本课所学的词语和语法，介绍一下你们国家的食品安全法规和居民膳食营养指南，并以此为话题写一篇 100 字左右的作文。

汉字学习 Chinese Character Learning

汉字小课堂 Chinese Character Classroom

甲骨文：刀（偏旁“刂”）

制

拼　音　zhì

构　造　会意字，左边“未”代表树干，右边“刂”表示刀斧。《说文解字》：“制，裁也。”本义是用刀修剪树枝，引申为裁剪、制造、加工。做名词时，指规定的制度、规章。

合成词　控制、抑制、制作、制品、制冷。

剂

拼　音　jì

构　造　会意兼形声，左边“齐”代表整齐，右边“刂”表示刀斧。《说文解字》：“剂，齐也。”本义是修剪整齐，引申为调和、调节。做名词时，表示多种药物配合而成的合剂，引申为有化学作用的物品。

合成词　× 剂，× 代表化学物品的作用，如：溶剂、鲜味剂、着色剂、催化剂、抗氧化剂。

割

拼　音　gē

构　造　会意兼形声，左边“害”是声旁，右边“刂”表示刀斧。《说文解字》：“割，剥也。”本义是用刀截开。

合成词　分割、修割。

写汉字 Character Writing

制 制 制 制 制 制 制 制 制 制

剂 剂 剂 剂 剂 剂 剂 剂 剂 剂

割 割 割 割 割 割 割 割 割 割

拓展阅读 Extended Reading

中国古代社会的食品安全监督与管理

中国古代食品安全治理以律法为纲、行业自治为网、技术监督为辅，形成独具特色的管理体系。据《礼记·王制》① 记载，周代已确立“五谷不时，果实未熟，不鬻(yù)于市”的原则，这一规定被认为是中国历史上最早的关于食品安全管理的记录。《二年律令》② 中规定“诸食脯肉，脯肉毒杀、伤、病人者，亟(jí)尽孰燔(fán)其余”，要求尽快销毁有毒肉品，否则将处罚肇事者及相关官员。《唐律疏议》(Tánglǜ Shūyì)③ 进一步进行了细化，“脯肉有毒，曾经病人，有余者速焚(fén)之，违(wéi)者杖(zhàng)九十；若故与人食并出卖，令人病者，徒(tú)一年，以故致死者绞(jiǎo)”，将过失与故意犯罪区别量刑。

到了宋代，商品经济空前繁荣，但也不可避免地出现了一些问题。商贩为了牟利，造假现象频发，如周密④ 在《癸辛杂识》(Guǐxīn Záshí)⑤ 中记载：“酒搀灰，鸡塞沙，鹅羊吹气，鱼肉贯水……卖盐杂以灰。”为了加强监管，宋代规定从业者必须加入行会，商人们按照行业类别登记在册，组成行会，行会对商品质量负责。宋代对士农工商等各行业从业者的服饰都有规定，《东京梦华录》⑥ 记载：“其士农工商，诸行百户，衣装各有本色，不敢越外。”

明清时期，对危害食品安全的行为均施以“重典”。嘉靖⑦ 年间规定，凡是出售“注水肉”，以及为了增加重量故意在粮食和食盐里掺沙土的，打八十大板。清代除了将此规定编入《大清律例·比引律条》⑧ 外，乾隆⑨ 年间又规定：“凡售以质变禽畜之肉，致人或亡或残者，施以重刑，不以宽饶。”

从上述朝代的食品安全管理规定及相关法律法规来看，中国古代很早就重视食品的监管问题，为当代治理提供了历史镜鉴(jiàn)。

---

① 《礼记·王制》：《王制》是《礼记》中的一篇，是较早对国家法律制度进行阐述的篇章之一。

② 《二年律令》：汉高后（吕雉）二年（公元前 186 年）总结的以往诸帝所制定汉律的汇抄。

③ 《唐律疏议》：原名《律疏》，又名《唐律》，是唐高宗令人修撰的法律典籍，是中国现存最早的完整的古代法典。

④ 周密：字公谨，号草窗，南宋文学家、书画鉴赏家。

⑤ 《癸辛杂识》：南宋周密撰写的史料笔记，所记多为人物琐事、见闻杂言。

⑥ 《东京梦华录》：南宋孟元老撰写的笔记，生动地描绘了汴京的繁华景象。

⑦ 嘉靖：明朝皇帝朱厚熜在位期间使用的年号。

⑧ 《大清律例·比引律条》：《大清律例》是清朝的国家法典，最后一卷为比引律条 30 条。

⑨ 乾隆：清朝皇帝爱新觉罗·弘历在位期间使用的年号。

根据文章内容，选择正确答案。

1. 据《礼记・王制》记载，周代的食品安全禁令主要针对以下哪种行为？

A. 禁止私宰病畜　　B. 禁止售卖未成熟的五谷果实

C. 禁止在酒中掺灰　　D. 禁止售卖注水肉

2. 在宋代，商人们是按照什么原则组成行会的？

A. 地域性原则　　B. 社会地位高低原则

C. 行业类别原则　　D. 个人意愿原则

3. 清代乾隆年间新增的食品安全法规主要针对何种违法行为？

A. 私宰病畜　　B. 售卖注水肉

C. 在粮食中掺沙土　　D. 售卖变质禽畜肉致人伤亡

词语总表

A

氨基酸	ānjīsuān	名	1
按照	ànzhào	介	3
案板	ànbǎn	名	11
熬制	áozhì	动	7

B

巴氏消毒法	Bāshì xiāodúfǎ		2
拔丝	básī	动	15
白度	báidù	名	9
白霉菌	báiméijūn	名	7
白嫩	báinèn	形	14
板豆腐	bǎndòufu	名	10
半成品	bànchéngpǐn	名	7
半径	bànjìng	名	7
拌馅儿	bànxiànr	动	7
包含	bāohán	动	1
包装	bāozhuāng	动/名	7
薄膜	báomó	名	12
薄片	báopiàn	名	15
保藏	bǎocáng	动	8
保加利亚	Bǎojiālìyà	名	2
保鲜	bǎoxiān	动	2
保障	bǎozhàng	动/名	18
爆	bào	动	15
蓓蕾	bèilěi	名	17
比重计	bǐzhòngjì	名	10
必备	bìbèi	动	16
必不可少	bìbùkěshǎo	成	1
必需	bìxū	动	1
避免	bìmiǎn	动	3
变质	biànzhì	动	2
标签	biāoqiān	名	20
标示	biāoshì	动	20
标志	biāozhì	名	17
标准	biāozhǔn	名/形	4
标准化	biāozhǔnhuà	动	7
表面	biǎomiàn	名	8
表明	biǎomíng	动	8
并且	bìngqiě	连	7
病毒	bìngdú	名	2
病原菌	bìngyuánjūn	名	2
病原微生物	bìngyuán wēishēngwù		2
不断	búduàn	副/动	7
不至于	búzhìyú	动	7
补充	bǔchōng	动	17
补肾	bǔshèn	动	16
捕猎	bǔliè	动	15
不仅……也	bùjǐn···yě		7
不可或缺	bùkě-huòquē	成	2
步骤	bùzhòu	名	5

C

采集	cǎijí	动	17
参考	cānkǎo	动	7
残留	cánliú	动	19
操作	cāozuò	动	4
草本	cǎoběn	形/名	13
草菇	cǎogū	名	2
掺入	chānrù	动	7
产量	chǎnliàng	名	13

肠道	chángdào	名	17
肠膜明串珠菌	chángmómíngchuànzhūjūn	名	2
肠胃	chángwèi	名	16
肠衣	chángyī	名	7
常量	chángliàng	名	1
常温	chángwēn	名	17
炒	chǎo	动	7
沉降	chénjiàng	动	4
称得上	chēngdeshang		15
成本	chéngběn	名	12
成品	chéngpǐn	名	7
成形	chéngxíng	动	7
呈	chéng	动	3
冲泡	chōngpào	动	16
稠度计	chóudùjì	名	10
稠厚	chóuhòu	形	16
臭豆腐	chòudòufu	名	10
出粉率	chūfěnlǜ	名	9
除去	chúqù	动	7
雏形	chúxíng	名	7
储藏	chǔcáng	动	4
储存	chǔcún	动	2
畜肉	chùròu	名	17
传播	chuánbō	动	13
传递	chuándì	动	6
春卷	chūnjuǎn	名	17
纯净	chúnjìng	形	6
戳	chuō	动/名	11
此外	cǐwài	连	2
刺激	cìjī	动	3
葱	cōng	名	16
从……来看	cóng…láikàn		18
从业	cóngyè	动	18
促进	cùjìn	动	7
醋	cù	名	8
醋酸杆菌	cùsuān gǎnjūn		2
萃取	cuìqǔ	动	4
痤疮	cuóchuāng	名	17

D

打结	dǎjié	动	11
大肠杆菌	dàcháng gǎnjūn		2
大致	dàzhì	副	17
代谢	dàixiè	动	1
单糖	dāntáng	名	1
蛋白	dànbái	名	8
蛋白质	dànbáizhì	名	1
蛋白质膜	dànbáizhìmó	名	7
蛋黄	dànhuáng	名	8
蛋壳	dànké	名	8
导致	dǎozhì	动	2
捣	dǎo	动	15
捣烂	dǎolàn	动	16
稻米	dàomǐ	名	13
登山	dēngshān	动	17
等级	děngjí	名	17
低筋粉	dījīnfěn	名	9
低聚糖	dījùtáng	名	1
低廉	dīlián	形	12
底色	dǐsè	名	17
地黄	dìhuáng	名	16
点浆	diǎnjiāng	动	10
点心	diǎnxin	名	9
碘	diǎn	名	1
淀粉	diànfěn	名	1
靛蓝	diànlán	名	3
丁	dīng	名	7
定型	dìngxíng	动	7
冻豆腐	dòngdòufu	名	10

冻结	dòngjié	动	17
豆腐	dòufu	名	10
豆腐干	dòufugān	名	10
豆腐脑儿	dòufunǎor	名	7
豆腐皮	dòufupí	名	10
豆渣	dòuzhā	名	10
豆制品	dòuzhìpǐn	名	1
断面	duànmiàn	名	11
堆叠	duīdié	动	7
炖	dùn	动	15
多糖	duōtáng	名	1

E

额外	éwài	形	17
扼杀	èshā	动	19
二氧化碳	èryǎnghuàtàn	名	7

F

发酵	fājiào	动	2
发热	fārè	动	2
法规	fǎguī	名	4
钒	fán	名	1
繁多	fánduō	形	9
繁盛	fánshèng	形	15
繁殖	fánzhí	动	7
防腐剂	fángfǔjì	名	4
防止	fángzhǐ	动	8
沸水	fèishuǐ	名	16
沸腾	fèiténg	动	7
分布	fēnbù	动	3
分级	fēnjí	动	7
分解	fēnjiě	动	1
分离	fēnlí	动	5
分享	fēnxiǎng	动	15
芬芳	fēnfāng	形	7
粉碎	fěnsuì	动/形	4
风味	fēngwèi	名	3
风味各异	fēngwèi gèyì		15
封口	fēngkǒu	动	12
服用	fúyòng	动	16
氟	fú	名	1
浮皮	fúpí	名	10
辐照	fúzhào	动	20
辅料	fǔliào	名	7
辅助	fǔzhù	动	17
腐败	fǔbài	动	2
腐烂	fǔlàn	动	8
腐乳	fǔrǔ	名	10
赋予	fùyǔ	动	3
富含	fùhán	动	16
腹泻	fùxiè	动	2
馥郁	fùyù	形	7

G

改善	gǎishàn	动	4
钙	gài	名	1
干果	gānguǒ	名	17
干爽	gānshuǎng	形	11
干燥	gānzào	动	4
肝热	gānrè	名	16
杆菌	gǎnjūn	名	2
感冒	gǎnmào	名/动	16
高筋粉	gāojīnfěn	名	9
膏	gāo	名	16
割	gē	动	15
革兰氏阴性杆菌	gélánshì yīnxìng gǎnjūn		2
铬	gè	名	1
更新	gēngxīn	动	19
羹	gēng	名	16
工程	gōngchéng	名	6
工业	gōngyè	名	4
工业化	gōngyèhuà	动	4
工艺	gōngyì	名	4
功能	gōngnéng	名	1

供给	gōngjǐ	动	1
宫廷	gōngtíng	名	14
构成	gòuchéng	动	1
古称	gǔchēng		7
谷氨酸	gǔ'ānsuān	名	3
谷氨酸钠	gǔ'ānsuānnà	名	3
谷物	gǔwù	名	13
骨密度	gǔmìdù		17
钴	gǔ	名	1
固相微萃取	gùxiàng wēicuìqǔ		19
关乎	guānhū	动	18
关键	guānjiàn	形/名	1
灌肠机	guànchángjī	名	11
灌入	guànrù	动	7
灌装	guànzhuāng	动	7
罐藏法	guàncángfǎ	名	4
罐头	guàntou	名	4
规模	guīmó	名	4
硅	guī	名	1
果实	guǒshí	名	16
过滤	guòlǜ	动	4
过筛	guòshāi	动	9
H 海苔	hǎitái	名	17
含量	hánliàng	名	1
含有	hányǒu	动	2
涵盖	hángài	动	4
行业	hángyè	名	18
航海	hánghǎi	动	17
合成	héchéng	动	1
合成β-胡萝卜素	héchéngβ-húluóbosù	名	3
和谐	héxié	形	17
河粉	héfěn	名	17
核磁	hécí	名	19
核苷酸	hégānsuān	名	3
黑芝麻	hēizhīma	名	17
烘焙	hōngbèi	动	17
烘炒	hōngchǎo	动	17
烘干	hōnggān	动	7
烘干箱	hōnggānxiāng	名	11
烘烤	hōngkǎo	动	7
红曲霉菌	hóngqūméijūn	名	2
红曲色素	hóngqūsèsù	名	3
琥珀色	hǔpòsè	名	7
花卷	huājuǎn	名	17
花青素	huāqīngsù	名	3
花样百出	huāyàng bǎichū		9
环保	huánbǎo	名/形	17
环节	huánjié	名	18
环绕	huánrào	动	2
缓解	huǎnjiě	动	16
缓慢	huǎnmàn	形	8
黄褐斑	huánghèbān	名	17
黄曲霉菌	huángqūméijūn	名	2
灰尘	huīchén	名	9
灰分	huīfèn	名	9
挥发	huīfā	动	3
混合	hùnhé	动	4
火腿	huǒtuǐ	名	7
获得	huòdé	动	3
获取	huòqǔ	动	1
J 几乎	jīhū	副	1
机构	jīgòu	名	17
机体	jītǐ	名	17
基础	jīchǔ	名	6
即	jí	副	5
即食	jíshí	动	17
急性	jíxìng	形	16

集聚	jíjù	动	7
记忆	jìyì	名/动	17
技能	jìnéng	名	9
技术	jìshù	名	5
加工	jiāgōng	动	1
加热	jiārè	动	5
佳品	jiāpǐn	名	16
钾	jiǎ	名	1
艰苦	jiānkǔ	形	17
监管	jiānguǎn	动	4
煎	jiān	动	15
煎煮	jiānzhǔ	动	16
检测	jiǎncè	动	3
检验	jiǎnyàn	动	7
减缓	jiǎnhuǎn	动	8
简介	jiǎnjiè	名/动	9
简直	jiǎnzhí	副	13
健脾	jiànpí	动	16
姜	jiāng	名	16
姜黄素	jiānghuángsù	名	3
讲究	jiǎngjiu	动/形	3
酱卤肉	jiànglǔròu	名	15
酱油	jiàngyóu	名	2
焦糖色素	jiāotángsèsù	名	3
绞	jiǎo	动	7
绞肉机	jiǎoròujī	名	11
搅拌	jiǎobàn	动	7
搅动	jiǎodòng	动	7
酵母	jiàomǔ	名	2
酵母菌	jiàomǔjūn	名	2
阶段	jiēduàn	名	17
结构	jiégòu	名	4
结晶	jiéjīng	动/名	5
紧致	jǐnzhì	形	11
进程	jìnchéng	名	15
进化	jìnhuà	动	15
进料漏斗	jìnliào lòudǒu		9
浸泡	jìnpào	动	8
浸泡法	jìnpàofǎ	名	8
浸取	jìnqǔ	动	5
茎	jīng	名	16
经济	jīngjì	名/形	18
敬佩	jìngpèi	动	13
静置	jìngzhì	动	9
酒曲	jiǔqū	名	2
酒石酸	jiǔshísuān	名	3
臼齿	jiùchǐ	名	15
巨大	jùdà	形	7
据	jù	介	15
距今	jù jīn		13
聚乙烯袋	jùyǐxīdài	名	12
均匀	jūnyún	形	7
菌群	jūnqún	名	17
菌株	jūnzhū	名	2

K

开发	kāifā	动	17
开胃	kāiwèi	动	16
勘探	kāntàn	动	17
康复	kāngfù	动	17
抗氧化	kàngyǎnghuà	动	17
抗氧化剂	kàngyǎnghuàjì	名	8
考古	kǎogǔ	动/名	13
考证	kǎozhèng	动	15
烤	kǎo	动	15
颗粒	kēlì	名	7
可见	kějiàn	连	6
控制	kòngzhì	动	3
口感	kǒugǎn	名	2
苦	kǔ	形	3

	块根	kuàigēn	名	16
	块茎	kuàijīng	名	1
	脍	kuài	动	15
	矿物质	kuàngwùzhì	名	1
L	腊肠	làcháng	名	11
	腊肉	làròu	名	7
	辣椒素	làjiāosù	名	3
	蓝霉菌	lánméijūn	名	7
	滥用	lànyòng	动	3
	老豆腐	lǎodòufu	名	10
	类胡萝卜素	lèihúluóbosù	名	3
	类黄酮	lèihuángtóng	名	3
	冷链	lěngliàn	名	8
	冷却	lěngquè	动	6
	理化	lǐhuà	名	9
	理论	lǐlùn	名	6
	理念	lǐniàn	名	17
	历经	lìjīng	动	16
	历来	lìlái	副	16
	立即	lìjí	副	17
	利用	lìyòng	动	4
	粒度	lìdù	名	9
	联合	liánhé	动	13
	联合国	Liánhéguó	名	13
	廉价	liánjià	形	1
	炼蜜	liànmì	动	16
	良好	liánghǎo	形	11
	粮油	liángyóu	名	9
	晾	liàng	动	8
	晾挂	liàngguà	动	11
	晾晒	liàngshài	动	7
	临床	línchuáng	动	16
	磷	lín	名	1
	磷酸	línsuān	名	3
	流程	liúchéng	名	9
	流失	liúshī	动	3
	流体	liútǐ	名	4
	流通	liútōng	动	18
	硫	liú	名	1
	硫酸钙	liúsuāngài	名	10
	卤水	lǔshuǐ	名	10
	氯	lǜ	名	1
	氯化钙	lǜhuàgài	名	10
	氯化钠	lǜhuànà	名	3
	落架	luòjià	动	7
M	马奶酒	mǎnǎijiǔ	名	14
	麦芽糖	màiyátáng	名	1
	慢性	mànxìng	形	17
	盲肠	mángcháng	名	15
	牦牛	máoniú	名	7
	酶	méi	名	3
	酶技术	méijìshù	名	8
	酶联免疫	méilián miǎnyì		19
	酶制剂	méizhìjì	名	7
	霉斑	méibān	名	12
	霉菌	méijūn	名	2
	镁	měi	名	1
	门类	ménlèi	名	4
	萌芽	méngyá	动	19
	蒙古族	Měnggǔzú	名	7
	锰	měng	名	1
	糜粥自养	mízhōu zìyǎng		16
	米粉	mǐfěn	名	17
	米曲霉菌	mǐqūméijūn	名	2
	泌乳	mìrǔ	动	17
	密封	mìfēng	动	17
	密封袋	mìfēngdài	名	8
	密集	mìjí	形	7

	密切	mìqiè	形/动	2
	蜜饯	mìjiàn	名	17
	蜜汁	mìzhī	动	15
	绵软	miánruǎn	形	14
	棉子糖	miánzǐtáng	名	1
	免疫力	miǎnyìlì	名	17
	面积	miànjī	名	13
	面面观	miànmiànguān		8
	灭菌	mièjūn	动	8
	明媚	míngmèi	形	17
	馍	mó	名	7
	膜分离	mó fēnlí		4
	蘑菇	mógu	名	2
	没过	mòguò	动	10
	磨粉机	mòfěnjī	名	9
	磨浆机	mòjiāngjī	名	10
	母体	mǔtǐ	名	8
	亩产	mǔ chǎn		13
	目	mù	量	9
	钼	mù	名	1
N	钠	nà	名	1
	钠盐	nàyán	名	12
	奶豆腐	nǎidòufu	名	14
	奶疙瘩	nǎigēda	名	14
	奶酪	nǎilào	名	2
	奶香四溢	nǎixiāngsìyì		14
	奶制品	nǎizhìpǐn	名	1
	耐受力	nàishòulì	名	17
	男女老少	nánnǚ lǎoshào		14
	内蒙古	Nèiměnggǔ	名	14
	嫩豆腐	nèndòufu	名	10
	能量	néngliàng	名	1
	尼龙	nílóng	名	12
	黏膜	niánmó	名	3
	黏液	niányè	名	8
	酿酒	niàngjiǔ	动	13
	酿造	niàngzào	动	2
	镍	niè	名	1
	柠檬黄	níngménghuáng	名	3
	凝固	nínggù	动	7
	凝固剂	nínggùjì	名	10
	凝乳	níngrǔ	动	7
	农产品	nóngchǎnpǐn	名	17
	农副产品	nóng-fùchǎnpǐn	名	4
	农业	nóngyè	名	17
	浓度	nóngdù	名	10
	浓缩	nóngsuō	动	5
O	藕	ǒu	名	16
	藕粉	ǒufěn	名	17
P	排铅	páiqiān	动	17
	泡菜	pàocài	名	2
	泡沫	pàomò	名	7
	胚乳	pēirǔ	名	9
	培根	péigēn	名	15
	配比	pèibǐ	名	11
	配方	pèifāng	名	12
	配料	pèiliào	名	7
	烹饪	pēngrèn	动	15
	蓬勃	péngbó	形	17
	膨化	pénghuà	动	17
	膨胀	péngzhàng	动	7
	皮磨	pí mó		9
	脾	pí	名	16
	漂洗	piǎoxǐ	动	11
	拼接	pīnjiē	动	4
	贫血	pínxuè	动	17
	品质	pǐnzhì	名	1
	平菇	pínggū	名	2

	评定	píngdìng	动	9
	颇	pō	副	7
	破坏	pòhuài	动	7
	葡萄球菌	pútaoqiújūn	名	2
	葡萄糖	pútaotáng	名	1
	普遍	pǔbiàn	形	8
Q	起源	qǐyuán	动/名	13
	气候	qìhòu	名	15
	气调贮藏	qìtiáo zhùcáng		8
	掐断	qiāduàn	动	10
	潜力	qiánlì	名	17
	切	qiē	动	7
	切绞	qiējiǎo	动	11
	切丝	qiēsī	动	5
	芹菜	qíncài	名	16
	禽	qín	名	8
	禽肉	qínròu	名	17
	青睐	qīnglài	动	17
	清凉	qīngliáng	形	16
	清晰	qīngxī	形	20
	清洗	qīngxǐ	动	5
	清咽	qīngyān	动	17
	区分	qūfēn	动	2
	曲霉菌	qūméijūn	名	2
	祛	qū	动	17
	去火	qùhuǒ	动	16
	去皮	qùpí	动	5
	全程	quánchéng	名	17
	缺乏	quēfá	动	1
	缺氧	quēyǎng	动	17
R	染色	rǎnsè	动	3
	热变	rèbiàn	动	10
	热处理	rèchǔlǐ	动	8
	热量	rèliàng	名	6
	热稳定法	rèwěndìngfǎ	名	8
	人类	rénlèi	名	1
	人参	rēnshēn	名	16
	人体	réntǐ	名	1
	人员	rényuán	名	2
	认可	rènkě	动	20
	认证	rènzhèng	动	17
	任何	rènhé	代	17
	日落黄	rìluòhuáng	名	3
	溶剂	róngjì	名	5
	溶液	róngyè	名	5
	融合	rónghé	动	15
	揉搓	róucuo	动	7
	肉饼	ròubǐng	名	15
	肉串	ròuchuàn	名	15
	肉脯	ròufǔ	名	7
	肉干	ròugān	名	7
	肉丸	ròuwán	名	15
	肉眼	ròuyǎn	名	2
	肉制品	ròuzhìpǐn	名	7
	肉质	ròuzhì	名	2
	乳白色	rǔbáisè	形	11
	乳酸菌	rǔsuānjūn	名	2
	乳糖	rǔtáng	名	1
	乳脂	rǔzhī	名	7
	乳制品	rǔzhìpǐn	名	7
	润滑	rùnhuá	形	14
	润燥	rùnzào	动	16
S	撒	sǎ	动	8
	色素	sèsù	名	3
	色泽	sèzé	名	3
	杀菌	shājūn	动	7
	沙门氏菌	shāménshìjūn	名	2
	砂糖	shātáng	名	12

筛分	shāifēn	动	9
筛网	shāiwǎng	名	9
筛选	shāixuǎn	动	5
膳食	shànshí	名	1
烧	shāo	动	15
烧烤	shāokǎo	名	7
稍	shāo	副	7
少许	shǎoxǔ	形	7
设备	shèbèi	名	9
社会各方	shèhuì gèfāng		18
涉及	shèjí	动	1
摄取	shèqǔ	动	15
摄入	shèrù	动	1
伸展	shēnzhǎn	动	7
神经衰弱	shénjīng shuāiruò		16
肾	shèn	名	16
生理	shēnglǐ	名	3
生命力	shēngmìnglì	名	17
生乳	shēngrǔ	名	7
生态	shēngtài	名	17
生鲜	shēngxiān	名	8
实行	shíxíng	动	17
实验	shíyàn	名/动	9
食醋	shícù	名	2
使用权	shǐyòngquán	名	17
事件	shìjiàn	名	2
视疲劳	shìpíláo		17
适度	shìdù	形	7
适量	shìliàng	形	7
释放	shìfàng	动	2
嗜热链球菌	shìrè liànqiújūn		2
授予	shòuyǔ	动	13
熟肉	shúròu	名	7
数以千计	shù yǐ qiān jì		4
涮	shuàn	动	15
双重	shuāngchóng	形	14
双皮奶	shuāngpínǎi	名	14
双歧杆菌	shuāngqí gǎnjūn		2
水稻	shuǐdào	名	13
水饺	shuǐjiǎo	名	17
水解度	shuǐjiědù	名	1
水晶肉	shuǐjīngròu	名	15
睡眠	shuìmián	名	17
丝状真菌	sīzhuàng zhēnjūn		2
撕	sī	动	15
死结	sǐjié	名	11
松软	sōngruǎn	形	7
松散	sōngsǎn	形	15
酥油	sūyóu	名	14
速冻	sùdòng	动	17
速溶	sùróng	动	17
酸	suān	形	3
酸化剂	suānhuàjì	名	8
随时随地	suíshí suídì		17
随着	suízhe	介	7
碎	suì	动/形	7
损害	sǔnhài	动	1
T 台秤	táichèng	名	11
探险	tànxiǎn	动	17
碳水化合物	tànshuǐ-huàhéwù	名	1
汤圆	tāngyuán	名	17
糖制	tángzhì	动	8
糖制品	tángzhìpǐn	名	5
特定	tèdìng	形	17
特殊	tèshū	形	17
提供	tígōng	动	1
体系	tǐxì	名	17
体液	tǐyè	名	3

天平	tiānpíng	名	10
天然	tiānrán	形	3
添加	tiānjiā	动	2
添加剂	tiānjiājì	名	3
田鸡	tiánjī	名	16
甜	tián	形	3
甜菜	tiáncài	名	5
甜菜红素	tiáncàihóngsù	名	3
调节	tiáojié	动	1
调料	tiáoliào	名	11
调味	tiáowèi	动	3
调味液	tiáowèiyè	名	12
调养	tiáoyǎng	动	16
调制	tiáozhì	动	7
铁	tiě	名	1
通便	tōngbiàn	动	17
通常	tōngcháng	副	2
铜	tóng	名	1
统一	tǒngyī	动/形	7
推广	tuīguǎng	动	17
腿坯	tuǐpī	名	7
脱发	tuōfà	动	16
脱壳	tuōké	动	13
脱离	tuōlí	动	8

W

危害	wēihài	名/动	17
微量	wēiliàng	名	1
微生物	wēishēngwù	名	2
煨	wēi	动	15
维持	wéichí	动	1
伪	wěi	形	19
萎缩	wěisuō	动	15
卫生	wèishēng	名/形	20
味精	wèijīng	名	12
味蕾	wèilěi	名	3
温度计	wēndùjì	名	10
温浸	wēnjìn	动	16
文化遗产	wénhuà yíchǎn		16
文火	wénhuǒ	名	7
稳定	wěndìng	形	18
问世	wènshì	动	13
乌发蜜膏	wūfà mìgāo		16
污染	wūrǎn	动	2
无论……还是……	wúlùn…háishi…		17
无添加	wú tiānjiā		14
物理	wùlǐ	名	4

X

西藏	Xīzàng	名	14
吸附技术	xīfù jìshù		19
吸收	xīshōu	动	1
析出	xīchū	动	6
硒	xī	名	1
锡	xī	名	1
喜闻乐见	xǐwén-lèjiàn	成	2
细菌	xìjūn	名	2
下饭	xiàfàn	动	12
鲜味剂	xiānwèijì	名	3
咸	xián	形	3
显微镜	xiǎnwēijìng	名	2
显著	xiǎnzhù	形	15
苋菜红	xiàncàihóng	名	3
现代	xiàndài	名/形	4
相比而言	xiāngbǐ'éryán		7
相对湿度	xiāngduì shīdù		8
相关	xiāngguān	动	2
香肠	xiāngcháng	名	7
香菇	xiānggū	名	2
香精	xiāngjīng	名	3
香喷喷	xiāngpēnpēn	形	7
香油	xiāngyóu	名	12

享受	xiǎngshòu	动/名	14
象征	xiàngzhēng	动/名	17
消费者	xiāofèizhě	名	18
消化	xiāohuà	动	1
销售	xiāoshòu	动	17
小肠	xiǎocháng	名	15
小孔	xiǎokǒng	名	8
小麦	xiǎomài	名	9
携带	xiédài	动	7
血红素	xuèhóngsù	名	3
血糖	xuètáng	名	17
血压	xuèyā	名	16
血脂	xuèzhī	名	17
心磨	xīn mó		9
芯片	xīnpiàn	名	19
锌	xīn	名	1
新疆	Xīnjiāng	名	14
兴起	xīngqǐ	动	15
形态	xíngtài	名	2
醒发	xǐngfā	动	7
休克	xiūkè	动	2
修割	xiūgē	动	7
修整	xiūzhěng	动	7
嗅觉	xiùjué	名	3
须发	xūfà	名	16
虚	xū	形	16
许可证	xǔkězhèng	名	20

Y

压片	yāpiàn	动	5
压榨	yāzhà	动	7
压榨器	yāzhàqì	名	10
压制	yāzhì	动	10
亚急性	yàjíxìng	形	17
亚硝酸钠	yàxiāosuānnà	名	11
亚硝酸盐	yàxiāosuānyán	名	11
胭脂红	yānzhīhóng	名	3
烟熏	yānxūn	动	7
腌制	yānzhì	动	7
延长	yáncháng	动	8
严峻	yánjùn	形	4
研磨	yánmó	动	9
盐渍	yánzì	动	7
演变	yǎnbiàn	动	15
验收	yànshōu	动	7
燕麦	yànmài	名	17
养生	yǎngshēng	动	16
药膳	yàoshàn	名	16
要点	yàodiǎn	名	9
野生	yěshēng	形	17
野外	yěwài	名	17
叶绿素	yèlǜsù	名	3
依次	yīcì	副	1
依赖	yīlài	动	3
一系列	yíxìliè	形	5
仪器	yíqì	名	3
饴糖	yítáng	名	13
以……为……	yǐ…wéi…		7
抑制	yìzhì	动	8
引发	yǐnfā	动	2
引起	yǐnqǐ	动	2
饮料	yǐnliào	名	4
营养	yíngyǎng	名	1
营养素	yíngyǎngsù	名	3
应用	yìngyòng	动	19
优良	yōuliáng	形	17
优质	yōuzhì	形	17
悠久	yōujiǔ	形	10
尤其	yóuqí	副	4
油脂	yóuzhī	名	7

有机	yǒujī	形	17
有劲	yǒujìn	动	7
诱人	yòurén	形	7
与……类似	yǔ···lèisì		7
预制	yùzhì	动	17
元素	yuánsù	名	1
原理	yuánlǐ	名	6
原料	yuánliào	名	4
圆豆腐	yuándòufu	名	10
远洋	yuǎnyáng	名	17
院士	yuànshì	名	13
约	yuē	副	7
运输	yùnshū	动	4
运行	yùnxíng	动	18
Z			
杂交	zájiāo	动	13
杂粮	záliáng	名	17
杂质	zázhì	名	5
栽培	zāipéi	动	13
再次	zàicì	副	7
枣	zǎo	名	16
藻类	zǎolèi	名	2
则	zé	连	7
增强剂	zēngqiángjì	名	3
扎绳	zhāshéng	动	11
渣	zhā	名	16
炸	zhá	动	15
榨菜	zhàcài	名	2
长毛豆腐	zhǎngmáo dòufu		10
照耀	zhàoyào	动	17
蔗糖	zhètáng	名	1
真菌	zhēnjūn	名	2
砧板	zhēnbǎn	名	12
振奋	zhènfèn	动/形	13
蒸发	zhēngfā	动	4

蒸馏水	zhēngliúshuǐ	名	9
蒸馍	zhēngmó	名	7
整形	zhěngxíng	动	7
正己烷	zhèngjǐwán	名	5
汁液	zhīyè	名	16
脂肪	zhīfáng	名	1
脂溶性	zhīróngxìng	名	1
直到	zhídào	动	18
植物乳杆菌	zhíwù rǔgǎnjūn		2
止泻	zhǐxiè	动	16
旨在	zhǐ zài		20
至	zhì	动	7
制成	zhìchéng	动	7
制冷	zhìlěng	动	4
制糖	zhìtáng	动	5
制作	zhìzuò	动	2
质地	zhìdì	名	7
质构仪	zhìgòuyí	名	10
质量	zhìliàng	名	4
质谱	zhìpǔ	名	19
置于	zhìyú	动	7
中筋粉	zhōngjīnfěn	名	9
中毒	zhòngdú	动	2
众所周知	zhòngsuǒzhōuzhī	成	2
种植	zhòngzhí	动	13
粥	zhōu	名	16
皱纹	zhòuwén	名	11
主角	zhǔjué	名	2
主食	zhǔshí	名	7
煮	zhǔ	动	7
煮熬	zhǔ'áo	动	16
贮藏	zhùcáng	动	3
贮存	zhùcún	动	17
转变	zhuǎnbiàn	动	17

转基因	zhuǎnjīyīn	动	19
装罐	zhuāngguàn	动	17
追溯	zhuīsù	动	13
准入	zhǔnrù	动	20
着色剂	zhuósèjì	名	3
滋补	zībǔ	动	16
滋生	zīshēng	动	8
综合	zōnghé	动	3
总砷	zǒngshēn	名	12
组合	zǔhé	动	4
左右	zuǒyòu	名	7
5'-肌苷酸二钠	wǔ-jīgānsuān'èrnà	名	3
5'-鸟苷酸二钠	wǔ-niǎogānsuān'èrnà	名	3
D-异抗坏血酸钠	D-yìkànghuàixuèsuānnà	名	11

语法术语及缩略形式参照表
Abbreviations of Grammar Terms

Grammar Terms in Chinese	Grammar Terms in Pinyin	Grammar Terms in English	Abbreviations
名词	míngcí	noun	n./名
代词	dàicí	pronoun	pron./代
数词	shùcí	numeral	num. /数
量词	liàngcí	measure word	m. / 量
动词	dòngcí	verb	v./动
助动词	zhùdòngcí	auxiliary	aux./助动
形容词	xíngróngcí	adjective	adj./形
副词	fùcí	adverb	adv./副
介词	jiècí	preposition	prep./介
连词	liáncí	conjunction	conj./连
助词	zhùcí	particle	part./助
拟声词	nǐshēngcí	onomatopoeia	onom./拟声
叹词	tàncí	interjection	int./叹
前缀	qiánzhuì	prefix	pref./前缀
后缀	hòuzhuì	suffix	suf./后缀
成语	chéngyǔ	idiom	idm./成
主语	zhǔyǔ	subject	S
谓语	wèiyǔ	predicate	P
宾语	bīnyǔ	object	O
补语	bǔyǔ	complement	C
动宾结构	dòngbīn jiégòu	verb-object construction	VO
动补结构	dòngbǔ jiégòu	verb-complement construction	VC
动词短语	dòngcí duǎnyǔ	verb phrase	VP
介词短语	jiècí duǎnyǔ	prepositional phrase	PP
名词短语	míngcí duǎnyǔ	noun phrase	NP
形容词短语	xíngróngcí duǎnyǔ	adjective phrase	AP